CLV

Christliche Literatur-Verbreitung e.V.
Ravensberger Bleiche 6 · 33649 Bielefeld

Ulla Bühne
Frauen vor Gott
Das Wagnis einer
Gratwanderung

Falls nicht anders vermerkt, sind die Bibelzitate
der Elberfelder Übersetzung 2003,
Edition CSV Hückeswagen, entnommen.

1. Auflage 2016

Christliche Literatur-Verbreitung
Ravensberger Bleiche 6 · 33649 Bielefeld
Internet: www.clv.de

Satz: typtop, Andreas Fett, Meinerzhagen
Umschlag: Lucian Binder, Marienheide
Druck und Bindung: GGP Media GmbH, Pößneck

Bestell-Nr. 256342
ISBN 978-3-86699-342-6

Für

Christine,
Debora,
Tabitha,
Claudia,
Marei,
Nadja

– unsere kostbaren Töchter und Schwiegertöchter!

Euch ein längeres oder kürzeres Stück des Weges begleiten zu dürfen, war und ist Vorrecht, Freude, Ansporn und Herausforderung zugleich …

Gut zu wissen, dass der Gott, der auch auf einem schmalen Pfad zu bewahren vermag, uns sicher an sein gutes Ziel bringen wird!

Inhalt

Prolog

»Wir schreiben in unserem Leben zwei Bücher.

Das erste ist das Buch der Träume, und wir schreiben es, wenn wir jung sind, wenn das Leben noch vor uns liegt und wir die Zukunft sehnsüchtig erwarten. Es ist ein Buch voller Spannung, Abenteuer, Romantik und Vorfreude.

Das zweite Buch schreiben wir in dem Maße, wie die erträumte Zukunft Gegenwart wird. Es ist die Geschichte dessen, was wir wirklich werden und was wir wirklich schaffen. Es ist das Buch der Realität – und jegliche Ähnlichkeit zwischen den beiden Büchern ist rein zufällig …«

Ronald Dunn

Mittlerweile schreibe ich schon lange am Buch der Realität! Und diese Jahre des Buchstabierens am Buch der Realität haben mich unter anderem zu der Erkenntnis gebracht, dass unser Leben, zumindest das Leben als Christ und als Frau, die vor und mit Gott leben möchte, häufig einer Gratwanderung gleicht:

- Wir leben in der Welt –
  sind aber nicht von der Welt.
- Gute Bürger sollen wir sein,
  um das Wohl unserer Stadt besorgt –
  aber eigentlich ist unser Bürgertum im Himmel.

- Die Welt sollen wir nicht lieben –
  die Menschen dieser Welt aber sehr wohl.

- Die Sünde sollen wir hassen –
  die Sünder aber sollen wir lieben.

- Der verführerischen Macht des
  Geldes sollen wir nicht erliegen –
  dennoch werden wir aufgefordert, uns mit dem
  ungerechten Mammon »Freunde« zu machen.

- Wir als Frauen sollen nicht durch protzigen
  Schmuck und teure Kleidung auffallen –
  aber wenn wir unsere Männer und Familien-
  angehörigen wertschätzen, werden sie nicht erst
  das Haus verlassen müssen, um eine geschmack-
  voll und ansprechend gekleidete Frau zu sehen.

- Wir werden aufgefordert, uns zu fürchten –
  und wir werden ermahnt, uns nicht zu fürchten.

- Es gibt die Anordnung zum Fliehen –
  und zum Standhaft-Bleiben …

Diese Aufzählung ließe sich beliebig fortsetzen, und wenn man über alle diese Herausforderungen nachdenkt, ist man versucht zu sagen:

»Ich bin kein Seiltänzer und auch nicht schwindelfrei!
Diese Gratwanderung ist nichts für mich!«

Und doch kann man sich des Eindrucks nicht erwehren, dass dieses menschlich Unmögliche genau das ist, was Gott von uns erwartet: ein Leben der »Gratwanderung«, ein Leben als »Gipfel-stürmer«, ein Leben über dem Durchschnitt, ein Leben geistlicher Ausgewogenheit! Gleichzeitig haben diese Herausforderungen eine unglaublich positive, heilsame Konsequenz: Wer so leben will, wird in eine ständige, vertrauensvolle und gesegnete Abhängigkeit von Gott gebracht. Dann bleibt keine andere Wahl, als seine Hand zu ergreifen, sie festzuhalten und bei Ihm zu bleiben – damit er in uns und durch uns all das tun kann, was wir alleine niemals tun können.

Das ist die einzige Chance, auf diesem schmalen Grat sichere Schritte zu gehen, Ausgewogenheit zu lernen und nicht länger rechts oder links »vom Pferd zu fallen«!

Was nun unseren Part als Frauen vor Gott angeht und unsere Chancen und Gefahren, so würde eine erschöpfende Behandlung dieses komplexen Themas den Rahmen eines Buches sicher sprengen.

Daher möchte ich anhand biblischer Frauengestalten gerne auf einige Schwerpunkte eingehen, die mir in diesem Zusammenhang wichtig geworden sind. Und wie eine bewährte, klassische Regel empfiehlt, werde ich zum besseren Verständnis bis zu den Anfängen zurückgehen.

Eva

Eine erste Bestandsaufnahme

»Nichts beeinflusst unser Leben mehr als das, was wir über Gott glauben!«

Nancy Leigh DeMoss

Wie allgemein bekannt, finden sich die ersten Informationen über die Frau direkt auf der ersten Seite der Bibel, in 1. Mose 1,26-29:

»Und Gott sprach: Lasst uns Menschen machen in unserem Bild, nach unserem Gleichnis; und sie sollen herrschen über die Fische des Meeres und über die Vögel des Himmels und über das Vieh und über die ganze Erde und über alles Gewürm, das sich auf der Erde regt! Und Gott schuf den Menschen in seinem Bild, im Bild Gottes schuf er ihn; Mann und Frau [wörtlich: *männlich und weiblich*] *schuf er sie.*

Und Gott segnete sie, und Gott sprach zu ihnen: Seid fruchtbar und mehrt euch und füllt die Erde und macht sie euch untertan; und herrscht über die Fische des Meeres und über die Vögel des Himmels und über alle Tiere, die sich auf der Erde regen! Und Gott sprach: Siehe, ich habe euch alles samenbringende Kraut gegeben, das auf der Fläche der ganzen Erde ist, und jeden Baum, an dem samenbringende Baumfrucht ist: Es soll euch zur Speise sein …«

Durch diesen Text bekommt man einige Hinweise darauf, was die Identität der Frau ausmacht, was sie ist, was sie bekommt und was sie tun soll. Dabei ist es sehr interessant und aufschlussreich zu lesen, dass alles gleichermaßen für sie und Adam gilt – bis auf einen Punkt:

- Beide sind nach dem *Bild* und *Gleichnis* Gottes geschaffen.
- Sie sind von Gott gesegnet.
- Gemeinsam bekommen sie den Auftrag, fruchtbar zu sein und die Erde zu füllen.
- Sie sollen sich die Erde untertan machen und über die Tiere herrschen.
  (Also, wenn das nächste Mal eine dicke Spinne an eurer Schlafzimmerdecke krabbelt oder eine kleine Maus irgendwo hervorhuscht – denkt daran: Sie sollen sich vor uns fürchten – und nicht wir uns vor ihnen!)

Aber schon hier, als alles noch beeindruckend vollkommen und nach dem Urteil Gottes »*sehr gut*« ist, werden sie in einem Punkt unterschieden:

»*Und Gott schuf den Menschen in seinem Bild, im Bild Gottes schuf er ihn;* ***Mann*** *und* ***Frau*** [wörtlich: ***männlich*** *und* ***weiblich***] *schuf er sie*« (1Mo 1,17).

Darauf wird Nachdruck gelegt!

Hier ist meiner Ansicht nach ein erster Punkt, wo wir wachsam sein sollten, wenn wir als Frauen vor und für Gott leben wollen. Die Unterschiedlichkeit zwischen Mann und Frau war Gottes Idee und trägt immer noch das Prädikat »*sehr gut*« – allen Entwicklungen und Bestrebungen in dieser Welt zum Trotz. Das sollten wir im Bewusstsein behalten, gerade auch im Zusammenhang mit den aggressiven, verheerenden und zerstörerischen Bestrebungen des Gender-Mainstreamings!

Aber diese Unterschiedlichkeit, so schön und spannend sie auch ist, birgt gleichzeitig, wie wir sicher alle schon erfahren haben, eine Menge Konfliktpotenzial!

In den mehr als 46 Jahren unserer Ehe und in all den Jahren im Dienst für Gott haben wir viele Beziehungen »kommen« und leider manche auch »gehen« sehen. Oftmals war dabei gerade auch das Anderssein von Mann und Frau ein Auslöser für schwerwiegende Konflikte. Auch für mich selbst war es in den ersten Jahren unserer Ehe eine große Herausforderung, die Unterschiedlichkeit zwischen Mann und Frau zu akzeptieren, zu verstehen und richtig damit umzugehen. Viele Spannungen und Probleme, besonders in den Ehen, stehen damit im Zusammenhang.

Die zweite Erwähnung der Frau findet sich in 1. Mose 2,18:

*»Und Gott der HERR sprach: Es ist nicht gut, dass der Mensch allein sei; ich will ihm eine **Hilfe** machen, die ihm entspricht.«*

Hier wird die Bestimmung der Frau konkretisiert: Sie soll für den Mann **Hilfe** sein, Ergänzung, Vervollständigung, Entsprechung. Mit anderen Worten: Sie soll das »fehlende Puzzle-Stück« bilden! Eva war Gottes gute Lösung für das Problem der Einsamkeit eines Adam …

Und die viel verspottete und verächtlich geredete »Sklavin« des Mannes – anscheinend zum »Fußabtreter« degradiert – bekommt in Wirklichkeit das Vorrecht, etwas von dem zu werden, was Gott selbst für uns sein will:

*»Gott ist uns Zuflucht und Stärke, eine **Hilfe**, reichlich gefunden in Drangsalen. Darum werden wir uns nicht fürchten, wenn auch die Erde gewandelt würde und wenn die Berge im Herzen des Meeres wankten«* (Ps 46,2-3).

Von Diskriminierung, »Zweiter-Klasse-Mensch«, Minderwertigkeit keine Spur! Stattdessen eine herausfordernde, anspruchsvolle Aufgabe …

Und dann kommt das Drama in 1. Mose 3: eine erste Bewährungsprobe für die Frau! Eine erste Möglichkeit, die geplante und gebrauchte »*Hilfe*« zu sein … Ein Test für ihre Liebe, ihren Gehorsam und ihr Vertrauen Gott gegenüber!

Das schockierende Ergebnis ist ja zur Genüge bekannt: Eva **hört** auf die Stimme des Verführers, **sie sieht**, **sie begehrt**, **sie nimmt**, **sie gibt** – und die entsetzliche Katastrophe nimmt ihren Lauf!

Eva verlässt die Zweisamkeit mit Adam und die Gemeinschaft mit Gott – und lässt sich zur Verbündeten des Feindes machen – mit all den bekannten, tragischen Konsequenzen. Eine davon ist, dass sie – statt die gewünschte Hilfe zu sein – zur Verführung wird …

Hatte Eva irgendeinen Grund oder irgendeinen Anlass, um unzufrieden zu sein? Gab es irgendeinen Mangel?

Sie war von den Händen des Schöpfers selbst gebildet worden, nach seinem Bild erschaffen: perfekt, makellos, vollkommen. Dazu hatte sie einen ebenso vollkommenen Mann, einen Traumgarten, eine traumhafte Versorgung – und das unglaubliche Vorrecht, am Abend mit Gott selbst und ihrem Mann Adam in ungestörter Gemeinschaft in dieser wahrhaft paradiesischen Umgebung spazieren zu gehen.

Die idealen Umstände, um rundum zufrieden und glücklich zu sein – oder nicht?

Doch wenig später hat das Dilemma schon begonnen, der Traum zerbricht, und die Vollkommenheit wird zerstört … Eine Frau, die alles hat, was das Herz begehrt, wird dazu verführt, das alles aufs Spiel zu setzen wegen der einen, von Gott verbotenen Frucht!

Damit sind wir bei der nächsten Gefährdung – der nächsten »Achillesferse«: In dem von Gott gewollten »Anderssein« sind wir Frauen unter anderem auch emotionaler. Das ist einerseits eine Stärke und etwas sehr Wertvolles, aber die »Schattenseite« davon ist, dass wir leichter verführbar sind!

Wir stehen in Gefahr, mit dem falschen Gesprächspartner zu viel und mit dem richtigen zu wenig zu reden! Mit dem **Verführer** redet Eva **38** Wörter – mit **Gott** leider nur **7** (zumindest nach meiner Übersetzung)!

Und wenn man in diesem Zusammenhang einen Blick auf die Kirchengeschichte wirft, zeigt sich leider die traurige Realität, dass viele der Irrlehren, welche im Lauf der Kirchengeschichte ihre verheerende Wirkung entfaltet haben, durch Frauen in die Gemeinden kamen! Das ist eine ziemlich demütigende Tatsache!

Angesichts der zerstörerischen Konsequenzen dessen, was durch die Schlange geschah, wundert es nicht, dass diese folgenschwere Geschichte zweimal im Neuen Testament kommentiert wird:

> 2. Korinther 11,3: »*Ich fürchte aber, dass etwa, wie die Schlange Eva durch ihre List verführte, so euer Sinn [oder: eure Gedanken] verdorben und abgewandt werde von der Einfalt gegenüber dem Christus.*«

> 1. Timotheus 2,13-14: »*... denn Adam wurde zuerst gebildet, danach Eva; und Adam wurde nicht betrogen, die Frau aber wurde betrogen und fiel in Übertretung.*«

Die Wahrheit tut häufig weh – und ist meistens unbeliebt!

Nancy Leigh DeMoss

Nancy Leigh DeMoss schreibt in ihrem sehr empfehlenswerten Buch »Lügen, die wir Frauen glauben« zu dieser Problematik:

»Der Anfang aller Probleme in der Weltgeschichte war eine Lüge.« Eine Lüge über Gott!

»Eva hat auf diese Lüge gehört, sie geglaubt und entsprechend gehandelt. Jede Schwierigkeit, jeder Krieg, jede Verletzung, jede zerbrochene Beziehung, jeder seelische Schmerz – das alles geht auf eine einzige Lüge zurück.

Wie das bei Lügen so ist, hat die erste Lüge sich ausgebreitet und andere nach sich gezogen. Eva hat der Lüge geglaubt, und seitdem sind wir, Evas Töchter, ihrem Beispiel gefolgt: Eine Lüge nach der anderen haben wir angehört, gehört und danach gehandelt …

… Der Betrug gelang, weil Satan Eva dazu brachte, nach dem zu entscheiden, was sie sah und was ihre Gefühle und ihr Verstand ihr als richtig vorstellten, ***obwohl es dem widersprach****, was Gott den beiden schon gesagt hatte …«*

»Satan verspricht das Beste, gibt aber das Schlimmste:
Er verspricht Ehre – und gibt Schande.
Er verspricht Vergnügungen – und gibt Schmerz.
Er verspricht materiellen Nutzen – und gibt Verlust.
Er verspricht Leben – und gibt Tod.«

Thomas Brooks

Die **Schlange** sagt: »*Ihr werdet sein wie Gott!*« (1Mo 3,5).
Gott sagt: »*Staub bist du …*« (1Mo 3,19).

Zum Nachdenken

- Wem glauben wir: dem, der nicht lügen kann –
  oder dem Vater der Lüge?
- Wer kann unsere Emotionen nutzen: Gott
  oder der Feind?
- Mit wem führen wir ausführliche Gespräche:
  mit dem, der uns liebt –
  oder mit dem, der uns hasst?
- Akzeptieren wir unsere ursprüngliche, von Gott verordnete Bestimmung und Platzanweisung?
- Worin bestand Evas konkrete Schuld?
- Was sind deine Schwachstellen in diesem Zusammenhang – und wie kannst du mit der Gefährdung richtig umgehen?

Adam und Eva vertauschen ihre Rollen –
und so kam der Tod in diese Welt!
Nancy Leigh DeMoss

Noahs Frau

Leben aus »zweiter Hand«?

»Wehmütig grüßt der,
welcher ich bin, den, der ich sein möchte …«

SØREN KIERKEGAARD

Nur zehn Generationen weiter beginnt die Geschichte von Noah und der großen Flut. Dieser Bericht hat sicher viele erschütternde, tief greifende und inhaltsschwere Aspekte. Ich möchte einen Aspekt herausgreifen, der die Thematik dieses Buches betrifft: die Informationen, oder besser gesagt, die **fehlenden** Informationen über Noahs Frau.

Beim Lesen dieser Geschichte tauchen für mich eine Menge Fragen auf:

- Warum wird der Name von Noahs Frau nicht genannt?
- Welche Rolle spielte sie in diesem Drama?
- Wie war ihre Beziehung zu Gott – und zu ihrem Mann?
- Was für eine Mutter und Schwiegermutter war sie?
- Wie hat sie das alles überstanden?
- Hat sich durch das dramatische Geschehen etwas in ihren Beziehungen, ihren Zielen und ihren Prioritäten verändert?

Immerhin war sie mit einem Mann verheiratet, der unter allen damals lebenden Menschen eine ganz besondere Position einnahm. Sie hatte den herausfordernden Befehl zum Bau der Arche, die ganze ungewöhnliche Vorbereitung, das erstaunliche Eintreffen der Tiere und das Drama der Flut miterlebt – sowie die unglaubliche Rettung als einzige Familie ... Noah war 600 Jahre alt, als die Flut kam, und lebte danach noch 350 Jahre!

Und obwohl die Geschichte ihrer Familie mehr als fünf Kapitel umschließt, gibt es doch nur diese drei spärlichen Informationen über sie:

Sie war Noahs Frau, Mutter ihrer drei Söhne und Schwiegermutter ihrer Schwiegertöchter.

Noahs Söhne werden namentlich genannt – der Name seiner Frau wird nirgendwo erwähnt; und sie wird in vier Aufzählungen erst nach den Söhnen genannt ...

»Und du sollst in die Arche gehen, du und deine Söhne und deine Frau und die Frauen deiner Söhne mit dir« (1Mo 6,18; siehe auch 7,7+13; 8,18).

Aber es gibt eine Ausnahme: In 1. Mose 8,15-16 liegt die verheerende Katastrophe hinter ihnen. Als einzige Familie haben sie überlebt! Und inmitten der Verwüstung gibt es einen neuen Anfang – gleichsam eine zweite Chance ... Gott gibt seine Anweisungen für diesen neuen Start in eine Welt, die unübersehbar von den Spuren der großen Flut gezeichnet ist.

Interessanterweise ändert Gott an dieser einen Stelle die Reihenfolge:

»Und Gott redete zu Noah und sprach: Geh aus der Arche, du und deine Frau und deine Söhne und die Frauen deiner Söhne mit dir.«

Ein neuer Anfang – vielleicht auch für die Beziehung zwischen Noah und seiner Frau? Eine leise Mahnung »zwischen den Zeilen«? *»Du und deine Frau«* – so sollte es nach Gottes Plan eigentlich sein.

Doch bei der praktischen Umsetzung dieser Anweisung blieb anscheinend alles beim Alten:

»*Und Noah ging hinaus und seine Söhne und seine Frau und die Frauen seiner Söhne mit ihm*« (1Mo 8,18).

Jeder Mensch wird als Original geboren – aber die meisten sterben als Kopie.

Wenn man über Noahs Frau nachdenkt, fragt man sich wahrscheinlich: War das alles?

Vielleicht tue ich ihr Unrecht, aber sie erinnert mich an eine weitere Gefahr, der manche Frauen erliegen: ein Leben aus »zweiter Hand«!

Ich denke, es ist kein Geheimnis, dass wir seit der Katastrophe im Garten Eden eine permanente »Schieflage« haben:

Da sind Männer, die sich vor Verantwortung drücken und lieber Spaß haben wollen – möglichst sofort und kostenfrei –, und Frauen, die daraufhin auf ungute Weise Verantwortung an sich reißen oder sich durch die Umstände gezwungen sehen, sie notgedrungen auf sich nehmen zu müssen. Aber dann sind da auch Frauen, die keine persönliche Verantwortung für ihr geistliches Leben übernehmen, die Passivität leben, den gesamten geistlichen Bereich Männern überlassen – ein Leben aus »zweiter Hand« leben! Aber das entspricht nicht Gottes Plänen und seiner »Arbeitsteilung«. Wenn wir als Frauen zur Ehre Gottes leben, unseren Ehemännern eine gute Hilfe und Ergänzung, unseren Glaubensgeschwistern eine positive Herausforderung und unseren ungläubigen Mitmenschen ein Segen sein wollen – dann müssen wir ein Leben aus **»erster Hand«** leben!

Das heißt: Was unser eigenes geistliches Leben angeht, dürfen wir uns nicht auf einen anderen Menschen verlassen: nicht auf unsere Ehemänner, nicht auf unsere Väter – selbst nicht auf die Ältesten der Gemeinde oder irgendwelche geistlichen Vorbilder.

Wir brauchen ein eigenes, persönliches Leben mit Gott, von Liebe und Ehrfurcht geprägt, eine lebendige Gemeinschaft, Kenntnis seines Willens und seiner Pläne, konkrete Ziele für unser Leben und von ihm erbetene Führungen und auch Charakter-Veränderung durch ihn. Unser geistliches Überleben hängt davon ab …

Und dieser ernsthafte Wunsch, in enger Gemeinschaft mit Gott und zu seiner Ehre zu leben und seine Ziele auch zu unseren Zielen zu machen, wird unter anderem bewirken, dass wir lernen, auch das biblische Prinzip der Unterordnung willig zu akzeptieren – und ebenso die Grenzen, die **Gott** uns als Frauen zuweist.

Aber die Konsequenz wird auch sein, dass wir uns nicht hindern lassen, innerhalb dieser von Gott gesetzten Grenzen das »*Land des Segens*« in Besitz zu nehmen …

Zum Nachdenken

- Wenn du dein eigenes Leben mit Gott beurteilen solltest, wie würdest du es bewerten: Ist es ein Leben aus »erster« oder aus »zweiter« Hand?
- Wie könntest du mehr Nähe zu Gott gewinnen?
- Wie viel ist dir eine tiefere Gemeinschaft mit Gott wert?
- Was sind konkrete Hinderungsgründe – und wie könntest du sie überwinden?

Wenn wir eine gute Spur hinterlassen wollen, dann müssen wir lernen, ein Leben aus ›erster Hand‹ zu leben!

Sara

»Licht und Schatten«

»Wir brauchen keinen großen Glauben – sondern Glauben an einen großen Gott!«

HUDSON TAYLOR

Gott liebt es offensichtlich, mit Kontrasten zu arbeiten – das ist beim Lesen der Bibel kaum zu übersehen! Im Gegensatz zu Noahs Frau erfährt man schon bei der ersten Erwähnung dieser interessanten Frau namens Sarai einiges:

> *»Und Abram und Nahor nahmen sich Frauen; der Name der Frau Abrams war Sarai … Und Sarai war unfruchtbar, sie hatte kein Kind«* (1Mo 11,29-30).

Schon bei der ersten Erwähnung wird sie mit Namen vorgestellt, und ihr gravierendstes Problem, ihr größter »gefühlter« Mangel wird umgehend angesprochen – Unfruchtbarkeit, eine existenzielle Not in der damaligen Zeit …

> *»Und Tarah nahm seinen Sohn Abram und Lot, den Sohn Harans, seines Sohnes Sohn, und Sarai, seine Schwiegertochter, die Frau seines Sohnes Abram; und sie zogen mit-*

> *einander aus Ur in Chaldäa, um in das Land Kanaan zu gehen; und sie kamen bis Haran und wohnten dort«* (1Mo 11,31).

Die Familienverhältnisse werden in diesem Vers geklärt, und Sarai erweist sich als eine Frau, die in der Lage ist, alle Vertrauten und alles Vertraute zu verlassen, in ein unbekanntes Land und eine ungewisse Zukunft aufzubrechen und sich in ein Team einzufügen: »... *und sie zogen miteinander ...*«

Die nächste Erwähnung Sarais findet sich in 1. Mose 12,5 – und man erfährt ein interessantes Detail:

> *»Und Abram nahm Sarai, seine Frau, und Lot, den Sohn seines Bruders, und alle ihre Habe, die sie erworben,* ***und die Seelen, die sie in Haran gewonnen hatten****, und sie zogen aus, um in das Land Kanaan zu gehen; und sie kamen in das Land Kanaan.«*

Sarais sehnlichster Wunsch hat sich noch nicht erfüllt – sie hat immer noch keine eigenen Kinder. Doch als sie die »Zwischenstation« Haran verlassen, hat sie gemeinsam mit Abram »Seelen gewonnen« – und nimmt sie mit in das verheißene Land! »Seelen« – das waren natürlich Menschen, die ihnen in Haran begegnet waren. Sarai beweist sich einmal mehr als teamfähig – und wird mit ihrem Mann zusammen eine »Seelen-Gewinnerin«.

Auf der Reise in das verheißene Land Kanaan, in den Bereich des Segens Gottes, nimmt sie andere Menschen mit ...

Wie gehen wir damit um, wenn Gott uns »gute« Dinge verweigert? Wenn er Gebete nicht oder nicht sofort erhört? Wenn er »Wüsten-Zeiten« zulässt? Und Frust-Situationen nicht ändert?

Eine weitere Station in Sarais Leben wird in 1. Mose 12,9-20 berichtet – und hier wird es richtig dramatisch!

Ein zu diesem Zeitpunkt ungeistlicher, egoistischer und – was Gottes Verheißungen betraf – misstrauischer Abram zeigt sich in einer schlechten inneren Verfassung. Angesichts einer Hungersnot verlässt er das verheißene Land, zieht nach Ägypten, verliert seinen Glauben und sein Vertrauen auf Gottes Zusagen!

Aus reiner Selbstliebe verlangt er Schockierendes von Sarai:

> »*Und es geschah, als er nahe daran war, nach Ägypten zu kommen, da sprach er zu Sarai, seiner Frau: Siehe doch, ich weiß, dass du eine Frau schön von Aussehen bist; und es wird geschehen, wenn die Ägypter dich sehen, so werden sie sagen: Sie ist seine Frau; und sie werden mich erschlagen und dich leben lassen. Sage doch, du seist meine Schwester, damit es mir wohl ergehe um deinetwillen und meine Seele am Leben bleibe deinetwegen*« (1Mo 12,11-13).

Seltsamerweise hat Abraham genug Glauben, um auf Gottes Geheiß in ein unbekanntes Land aufzubrechen – aber nicht genug Vertrauen, dass dieser Gott sein Leben beschützen kann. Er meint, »nachbessern« zu müssen. Und nun erwartet er von seiner Frau eine Lüge dem Pharao gegenüber – sie selbst direkt betreffend! Auf erschreckende, erschütternde Weise gibt er seine eigene Ehefrau preis, um sein Leben, seine eigene Haut zu retten!

Von Beginn ihrer Geschichte an wurde immer wieder betont: »*... seine (Abrams) Frau*« – das letzte Mal direkt vor seiner schockierenden Bitte: »*... da sprach er zu Sarai, **seiner Frau** ...*«

Was tut man als Ehefrau in solch einer Situation? Wie sieht dann Unterordnung aus? Wie kann man trotzdem eine Hilfe sein? Und wie fühlt sich eine Frau, wenn der Mann – um seine eigene Haut, sein Leben zu retten – sie in jeder Beziehung preisgibt? Auch noch die Beteiligung an einer Unwahrheit verlangt? Ihre Schönheit zu einem Problem erklärt – obwohl er selbst durch falsche Entscheidungen das Problem verursacht hat?

Und wenn im Gegensatz dazu ein anderer Mann da ist, der sie *»sehr schön«* und begehrenswert findet? Ein Mann mit Macht, Reichtum und Ansehen – der König eines Landes? Dem sie anscheinend sehr viel wert ist?

Was für ein Angriff auf ihre Ehe! Was für ein Härte-Test in Bezug auf ihre Treue und Loyalität Abram und Gott gegenüber! Was für eine Zerreißprobe für eine bedingungslose Liebe! Und wie groß die Gefahr, in dieser Situation den Glauben an Gottes Güte und Souveränität zu verlieren …!

Spätestens in solch einer Herausforderung braucht man ein geistliches Leben aus »erster Hand«!

- Hat Sarai ihren Mann zur Rede gestellt?
- Kam diese seltsame, ungute Vereinbarung zwischen ihnen (*»Sage doch, du seist meine Schwester«*) auf den Prüfstand?
- Wurde ihr spätestens in dieser Situation ihre Mitschuld an dem ganzen Dilemma bewusst?
- Sprach sie ihn auf die Lüge an – nach der Erkenntnis: *»Eine halbe Wahrheit ist eine ganze Lüge!«*?
- Hat sie sich empört, ihn gewarnt, angeklagt, auf ihn eingeredet – versucht, ihn umzustimmen?
- Machte sie ihn auf seinen Egoismus aufmerksam?
- Forderte sie seine Loyalität ihr gegenüber?

Wir wissen es nicht …

Was wir aber wissen, ist, dass sie offensichtlich bei dieser Halbwahrheit, die doch eine Lüge war, mitgemacht und sich nicht geweigert hat. Und wir wissen noch etwas:

Petrus gibt uns eine interessante Information, von der man den Eindruck gewinnt, dass sie auf diese Situation Bezug nimmt:

> *»... sondern der verborgene Mensch des Herzens in dem unvergänglichen Schmuck des sanften und stillen Geistes, der vor Gott sehr kostbar ist. Denn so schmückten sich einst auch die heiligen Frauen,* ***die ihre Hoffnung auf Gott setzten*** *und sich ihren eigenen Männern unterordneten: wie Sara dem Abraham gehorchte und ihn Herr nannte, deren Kinder ihr geworden seid, wenn [oder: indem] ihr Gutes tut* ***und keinerlei Schrecken fürchtet****«* (1Petr 3,4-6).

Aus dieser Stelle kann man schließen, dass Sarai in dieser schrecklichen, beängstigenden und menschlich gesehen ausweglosen Situation erkannt hat, dass es für sie nur eine einzige Rettung, einen einzigen Ausweg gab: auf Gott zu vertrauen – und Ihm das ganze Elend zu übergeben! Gott war ihre einzige, ihre letzte Hoffnung. Und Er hat sie nicht enttäuscht!

Ronald Dunn schreibt in diesem Zusammenhang:

> *»Die einzige Möglichkeit, wirklich Freiheit und Frieden zu erlangen, ist, die Zügel abzugeben – alle Kontrolle Gott zu überlassen und zu glauben, dass wir ihm alles anvertrauen können, was uns betrifft. ...*
>
> *... Je tiefer unsere Gemeinschaft mit Gott wird, umso mehr werden wir ihm vertrauen. Und je mehr wir ihm vertrauen, umso weniger brauchen wir zu verstehen. Wenn wir das begriffen haben, ist innerer Friede möglich!«*
>
> (»Wenn Gott schweigt«)

Zehn Jahre später …

»Und Sarai, Abrams Frau, gebar ihm nicht. Und sie hatte eine ägyptische Magd, und ihr Name war Hagar. Und Sarai sprach zu Abram: Sieh doch, der HERR hat mich verschlossen, dass ich nicht gebäre; geh doch ein zu meiner Magd, vielleicht werde ich aus ihr erbaut werden [d. h. durch sie Nachkommen erhalten].

Und Abram hörte auf die Stimme Sarais. Und Sarai, Abrams Frau, nahm Hagar, die Ägypterin, ihre Magd, nach Verlauf von zehn Jahren, die Abram im Land Kanaan gewohnt hatte, und gab sie Abram zur Frau. Und er ging zu Hagar ein, und sie wurde schwanger; und als sie sah, dass sie schwanger war, da wurde ihre Herrin gering in ihren Augen … Und Abram sprach zu Sarai: Siehe, deine Magd ist in deiner Hand; tu ihr, was gut ist in deinen Augen. Und Sarai behandelte sie hart, und sie floh von ihr weg. Und der Engel des HERRN fand sie an einer Wasserquelle in der Wüste … auf dem Weg nach Sur. Und er sprach: Hagar, Magd Sarais, woher kommst du, und wohin gehst du? Und sie sprach: Ich fliehe weg von meiner Herrin Sarai« (1Mo 16,1-8).

Obwohl Sarai Gottes Eingreifen und seine Rettung in Ägypten ganz persönlich und sehr dramatisch erlebt hat, gerät nun sie, nach dieser langen Zeit des Wartens und Hoffens, in eine Phase der Resignation, der Mutlosigkeit und des Unglaubens.

»***Der HERR** hat mich verschlossen!*«, erkennt sie richtigerweise (V. 2) – doch das »Aufschließen« will sie jetzt selber in die Hand nehmen. Sie will nicht länger auf Gott und die Erfüllung seiner Verheißung warten – obwohl die Garantie bei ihrem eigenen Vorhaben nur ein »Vielleicht« ist! Und rein menschlich gesehen kann man diese Ungeduld ja nur zu gut verstehen: Immerhin wartet sie schon zehn Jahre auf den ersehnten Nachwuchs!

Das Tragische dabei ist, dass sie auch Abram mit hineinzieht in ihren Unglauben und ihre Eigenmächtigkeit: »*Und Abram hörte auf die Stimme Sarais*« (V. 2).

Die Konsequenz ist die erschütternde Geschichte von Hagar und Ismael – mit ihren verheerenden Folgen bis heute! Kaum ein Tag, an dem der Konflikt zwischen Israel und den Palästinensern nicht in den Medien thematisiert wird …

Doch glücklicherweise hört Sarais Geschichte hier nicht auf, denn dieser wunderbare Gott ist ein Gott der zweiten Chance:

> »*Und Gott sprach zu Abraham: Sarai, deine Frau, sollst du nicht mehr Sarai nennen, sondern Sara [d. h. Fürstin] soll ihr Name sein.*
>
> *Aber meinen Bund werde ich mit Isaak errichten, den Sara dir gebären wird um diese bestimmte Zeit im folgenden Jahr*« (1Mo 17,15.21).

Sara bekommt eine zweite Chance. Gott spricht in ihr Leben hinein. Er macht deutlich, dass er immer noch alles unter Kontrolle und im Griff hat. Er beschenkt Sara mit einem neuen Namen, einem persönlichen Segen, einer persönlichen Verheißung.

Dann trifft man Sara in 1. Mose 18,10 wieder:

> »*Und er [**Gott**] sprach: Gewiss werde ich im nächsten Jahr um diese Zeit wieder zu dir kommen, und siehe, Sara, deine Frau, wird einen Sohn haben. Und Sara horchte am Eingang des Zeltes, der hinter ihm war.*«

Auch diese Geschichte ist sehr bekannt: Abraham bekommt Besuch – Gott selbst als Engel Jahwes und zwei Engel mit ihm. Er bekommt das konkrete Versprechen, dass er in einem Jahr den ersehnten Sohn haben wird. Sara horcht am Eingang des Zeltes – und lacht: Es scheint zu schön, um wahr zu sein …

Wann immer mein Mann über Abraham predigt (und die Patriarchen gehören zu seinen Lieblingsthemen), vergisst er nicht, darauf hinzuweisen, dass hier eine weitere Gefährdung der Frauen deutlich wird: Neugierde! ☺

Hier ist meiner Ansicht nach auch die einzige Stelle, wo Sara ihren Mann ausdrücklich »*Herr*« nennt (siehe V. 12). Irgendwie ist das ziemlich bewegend: Obwohl sie 90 und er 100 Jahre alt ist, nach so vielen gemeinsamen, nicht immer einfachen Jahren, manchen bitteren Enttäuschungen, Verletzungen und vielen Schwierigkeiten ist doch immer noch Achtung und liebevoller Respekt da, und Gott erwähnt es lobend im Neuen Testament (1Petr 3,6).

> »*Und Sara leugnete und sprach: Ich habe nicht gelacht!, denn sie fürchtete sich. Er aber sprach: Nein, du hast doch gelacht*« (1Mo 18,15).

Was für ein interessantes Gespräch zwischen Gott und Sara! Gott redet mit ihr, er hat ein persönliches Interesse an ihr und korrigiert sie – wie ein Vater seine Tochter korrigiert.

Und doch, trotz der Gespräche mit Gott – Gespräche unter »Freunden« –, trotz der wiederholten, sehr konkreten Verheißungen, was den ersehnten Sohn betraf, trotz der dramatischen, aufrüttelnden Manifestation der Macht und Heiligkeit Gottes im Zusammenhang mit Sodom und Gomorra bleibt der Glaube und die Gemeinschaft mit ihm bei Sara und Abraham angefochten.

Die dümmsten Fehler sind die, welche man zweimal begeht!

In 1. Mose 20 liest man mit Verwunderung, dass Abraham wieder in Richtung Süden zieht – wieder ein »Grenzgänger« wird. Aber »Grenzgänger« leben gefährlich – weiß er das nicht mehr? Und dieses Mal gibt es keine Hungersnot als »Alibi«!

Ein zweites Mal setzt er seine Frau akuter Gefahr und Bedrohung aus – und wiederum aus rein egoistischen Motiven.

Und Sara? Die schon bekannte Unwahrheit ist der Grund, warum der Philister-König sie holen lässt. »*Siehe, du bist des Todes wegen der Frau, die du* ***genommen*** *hast*« (1Mo 20,3), warnt Gott den Philister-König.

Wie geht es einer Frau, die – vom eigenen Mann preisgegeben – »*genommen*« wird? Die den gleichen Albtraum zweimal erlebt?

Sie macht wieder mit – bei dieser angeblichen, verlogenen »Güte«. Aus Angst? Aus falscher Loyalität ihrem Mann gegenüber? Aus Verzweiflung? Auch dieses Mal bleibt ihr Motiv verborgen.

Aber wie schon bei dem Drama in Ägypten ist wiederum Gott ihre einzige Rettung. Er greift ein: Um **Saras** willen hat er jeden Mutterleib im Haus des Philister-Königs verschlossen! Er konfrontiert den König mit der Wahrheit. Und es ist ausgerechnet der Philister-König, der Gott und seine Mahnung sehr ernst nimmt und sich vorbildlich darum kümmert, dass Saras Ehre und ihr Ansehen wiederhergestellt wird …

> »*Und zu Sara sprach er: Siehe, ich habe deinem Bruder tausend Silberstücke gegeben; siehe, das sei eine Augendecke für dich vor allen, die bei dir sind, und in Bezug auf alles ist die Sache rechtlich geschlichtet*« (1Mo 20,16).

Wie peinlich, wenn man bei einem Philister-König »in die Schule gehen muss« …

Die Geschichte geht weiter, und wir kommen zu 1. Mose 21: Das Wunder ist geschehen, der verheißene Sohn ist da, und alles scheint lauter Freude, lauter »*Lachen*« (denn das ist die Bedeutung des Namens »*Isaak*«).

Doch dann ziehen dunkle Wolken auf: Stress und Aggression zwischen dem Sohn der Herrin und dem Sohn der Magd! Und Sara fordert eine brutale, anscheinend unbarmherzige, rigorose Lösung des Problems. Es heißt, dass die Sache »*sehr übel*« war in den Augen Abrahams (siehe V. 11), was menschlich gesehen ja sehr verständlich ist – aber eben auch nur aus menschlicher Sicht. Verblüffend – und vielleicht auch unerwartet – ist dagegen Gottes Reaktion: »*... was immer Sara zu dir sagt, höre auf ihre Stimme;* ***denn*** *in Isaak soll dir eine Nachkommenschaft genannt werden*« (V. 12).

Damit gibt es also drei Aussagen in Gottes Wort, die sich auf den ersten Blick zu widersprechen scheinen:

- »*Weil du auf die Stimme deiner Frau gehört und gegessen hast von dem Baum, von dem ich dir geboten und gesprochen habe: Du sollst nicht davon essen! – so sei der Erdboden verflucht um deinetwillen: Mit Mühsal sollst du davon essen alle Tage deines Lebens*« (1Mo 3,17).

- Abraham hört auf Saras Stimme – und es gibt eine Katastrophe! (1Mo 16,1-8).

- Gott sagt zu Abraham: »*... was immer Sara zu dir sagt, höre auf ihre Stimme ...*« (1Mo 21,12).

Und wiederum zeigt sich eine »Gratwanderung«:

Eva wurde verführt und ließ sich zu einem Werkzeug der Pläne Satans machen, missachtete den ausdrücklichen Willen Gottes, ignorierte seine geoffenbarten Anweisungen – und verführte anschließend auch ihren Mann.

In 1. Mose 16 hörte Sara auf die Stimme ihrer Gefühle und ihres Frustes – ebenfalls mit allen negativen, weitreichenden Konsequenzen.

Am Ende aber hat Sara auf Gottes Stimme gehört, und sie hat seinen Worten geglaubt, seinen Willen erkannt und seine Verheißungen ernst genommen. Jetzt kämpft sie für Gottes Pläne und seine Ziele – und Gott bekennt sich in dieser Situation zu ihr. Sara ist auf der richtigen Spur …

Bemerkenswert in diesem Zusammenhang ist auch, dass Eva viermal namentlich in der Bibel erwähnt wird, zweimal davon als Warnung im Neuen Testament – während Sara 53 Mal erwähnt wird, davon einmal positiv in Jesaja und zweimal als Vorbild im Neuen Testament …

- Welche Ratschläge geben wir – gefragt oder ungefragt?
- Aus welcher »Quelle« werden sie gespeist?
- Wer kann durch uns reden?
- Wessen Ziele verteidigen wir?
- Kann Gott unsere Ratschläge bestätigen?

Und es gibt noch etwas Positives über Sara zu berichten: Sara war eine gute Mutter für Isaak – auch Jahre nach ihrem Tod vermisste er sie!

> *»Und Isaak führte sie in das Zelt seiner Mutter Sara, und er nahm Rebekka, und sie wurde seine Frau, und er hatte sie lieb. Und Isaak* ***tröstete sich nach dem Tod seiner Mutter****«* (1Mo 24,67).

Sara war in ihrem Leben nicht »auf Rosen gebettet«! Ihr Leben war geprägt von vielen Herausforderungen, Enttäuschungen, Anfechtungen, Höhen und Tiefen und immer neuen Aufbrüchen:

Zuerst das Verlassen alles Vertrauten, der Familie, der Heimat, des Vaterlandes – dann nach Zwischenstationen das Nomadenleben auf dem Weg ins verheißene Land – später die bitteren »Abstecher« nach Ägypten und in das Gebiet der Philister mit den General-Angriffen auf ihre Ehe. Das lange, frustrierende Warten auf den ersehnten Erben – und ihre eigenen Zweifel, Krisen und Glaubenskämpfe …

Doch im Lauf ihres bewegten Lebens lernte sie offensichtlich nicht nur sich selbst, sondern auch ihren Gott besser kennen – und wagte, ihm mehr und mehr zu vertrauen. Gottes Wertungen prägten immer deutlicher ihre Prioritäten. Seine Ziele wurden auch ihre Ziele, und seine Verheißungen wurden zum Fundament ihres Glaubens.

Und wenn Gott in den beachtenswerten Worten in Jesaja 51,1-2 Saras Leben kommentiert, liest man erstaunliche, schwerwiegende Worte:

> *»Hört auf mich, die ihr der Gerechtigkeit nachjagt, die ihr den HERRN sucht! Blickt hin auf den Felsen, aus dem ihr gehauen, und auf die Höhlung der Grube, aus der ihr gegraben seid. Blickt hin auf Abraham, euren Vater, und auf Sara, die euch geboren hat; denn ich rief ihn, den Einen, und ich segnete ihn und mehrte ihn.«*

»Blickt hin … auf Sara, die euch geboren hat …«, sagt Gott selbst. Sara, eine »Mutter des Glaubens« – und eine der zwei Frauen, die einen Platz in der Liste der Glaubenshelden fanden:

> *»Durch Glauben empfing auch selbst Sara Kraft, einen Samen zu gründen, und zwar über die geeignete Zeit des*

Alters hinaus, weil sie den für treu erachtete, der die Verheißung gegeben hatte. Deshalb sind auch von einem, und zwar Erstorbenen, geboren worden wie die Sterne des Himmels an Menge und wie der Sand am Ufer des Meeres, der unzählig ist« (Hebr 11,11-12).

Ein an der Ewigkeit ausgerichtetes Wertesystem ist das größte Erbe, welches wir unseren Kindern mitgeben können!

Randy Alcorn

Bei Noahs Frau gab es keinen Namen, keine Informationen, keine Hinweise auf eine vorhandene – oder fehlende – Beziehung zu Gott …

Sara aber wurde durch Gottes Gnade ein Vorbild der Gläubigen, von Gott selbst autorisiert. Und er setzte ihr ein Denkmal – und zwar sowohl im Alten als auch im Neuen Testament!

Doch wie bei Sara gibt es auch in unserem Leben mit Gott keine Neutralität. Auch für uns gilt das »magnetische Prinzip«: Jeder Schritt zu Gott hin macht den nächsten Schritt zu ihm hin leichter, denn wie bei einem Magneten wirkt sich seine »Anziehungskraft« umso stärker aus, je näher wir ihm kommen … Und jeder Schritt von ihm weg macht den nächsten Schritt von ihm weg leichter – weiter fort aus dem gesegneten Bereich seiner göttlichen »Anziehungskraft«.

Alles, was uns begegnet, wird uns entweder näher zu ihm bringen – oder weiter von ihm weg …

Es liegt in unserer Verantwortung, welche Spur wir in unserem Leben hinterlassen.

Wir werden für unsere Ehemänner, Familienangehörigen, Glaubensgeschwister und Mitmenschen durch unser Denken, Reden und Handeln, vor allem aber durch das, was wir sind, entweder Hilfe oder Hindernis, Ansporn oder Stolperstein, Segen oder Fluch sein – je nachdem, wem wir unsere Herzen, unsere Ohren und unseren Mund zur Verfügung stellen …

Zum Nachdenken

- Wie hat sich dein geistliches Leben in den letzten Tagen, Monaten, Jahren entwickelt?
- Wo stehst du in deiner Beziehung zu Gott?
- Welchen Wert und welche Konsequenz haben seine Verheißungen für dich?
- Wo erkennst du dich in Saras Verhalten wieder?
- Wie kannst du in deinem Leben ähnliche Fehler vermeiden?

Wenn Gott uns auf steinige Wege schickt, gibt er uns auch die richtigen Schuhe!

Corrie ten Boom

Rebekka

»Ein guter Anfang garantiert noch kein gutes Ende!«

»Lebe dein Leben so,
wie du deine Kinder gerne das ihre gestalten sähest!«

Michael Levin

Eine Generation weiter beginnt die spannende Geschichte der Brautschau für den verheißenen Erben Isaak, die zunächst alle Zutaten für einen »Traumstart« hat. Zumindest hat Rebekka alles, was man von einer »Traumfrau« erwarten würde:

- Rebekka war sehr schön:
  »Und das Mädchen war sehr schön von Aussehen …« (1Mo 24,16a).
- Sie war moralisch rein:
  »Und das Mädchen war … eine Jungfrau, und kein Mann hatte sie erkannt …« (1Mo 24,16a).
- Sie war nicht zimperlich:
  »… und sie stieg zur Quelle hinab …« (1Mo 24,16b).

- Sie war hilfsbereit:
  »Und sie sprach: Trinke, mein Herr« (1Mo 24,18a).

- Sie war höflich:
  »Und schnell ließ sie ihren Krug auf ihre Hand herab …« (1Mo 24,18b).

- Sie war barmherzig:
  »Und sie eilte und goss ihren Krug in die Tränke aus und lief wieder zum Brunnen, um zu schöpfen; und sie schöpfte für alle seine Kamele« (1Mo 24,20).

- Sie war sportlich:
  »… und sie stieg zur Quelle hinab und füllte ihren Krug und stieg wieder herauf … Und schnell ließ sie ihren Krug auf ihre Hand herab … Und sie eilte und goss ihren Krug in die Tränke aus und lief wieder zum Brunnen, um zu schöpfen; und sie schöpfte für alle seine Kamele« (1Mo 24,16-20).

- Sie übte Gastfreundschaft:
  »Und sie sprach zu ihm: Sowohl Stroh als auch Futter ist bei uns in Menge, auch Raum zum Übernachten« (1Mo 24,25).

- Sie zeigte Mut und Entschlossenheit:
  »Und sie riefen Rebekka und sprachen zu ihr: Willst du mit diesem Mann gehen? Und sie antwortete: Ich will gehen« (1Mo 24,58).

- Sie war zu einem Glaubenswagnis bereit:
  »Und sie sprachen: Lasst uns das Mädchen rufen und ihren Mund befragen … Und sie riefen Rebekka und sprachen zu ihr: Willst du mit diesem Mann gehen? Und sie antwortete: Ich will gehen« (1Mo 24,57-58).

- Sie gibt Isaak die Ausschließlichkeit der Liebe:
  »… und sprach zu dem Knecht: Wer ist der Mann, der uns da

auf dem Feld entgegenkommt? Und der Knecht sprach: Das ist mein Herr. Da nahm sie den Schleier [ein Überwurf, den man über den Kopf zog] und verhüllte sich« (1Mo 24,65).

Diese wunderschöne Liebesgeschichte beginnt mit einer eindeutigen, sehr bewegenden Führung Gottes:

»So kam ich heute zu der Quelle und sprach: HERR, Gott meines Herrn Abraham, wenn du doch Glück geben wolltest zu meinem Weg, auf dem ich gehe! Siehe, ich stehe bei der Wasserquelle; möge es nun geschehen, dass die Jungfrau, die herauskommt, um zu schöpfen, und zu der ich sagen werde: Gib mir doch ein wenig Wasser aus deinem Krug zu trinken!, und die zu mir sagen wird: Trinke du, und auch für deine Kamele will ich schöpfen, ***dass sie die Frau sei, die der HERR für den Sohn meines Herrn bestimmt hat****. Ich hatte in meinem Herzen noch nicht ausgeredet, siehe, da kam Rebekka heraus mit ihrem Krug auf ihrer Schulter; und sie stieg zur Quelle hinab und schöpfte«* (1Mo 24,42-45).

Und sie hat zunächst ein Happy End:

»Und Isaak führte Rebekka in das Zelt seiner Mutter Sara, und er nahm Rebekka, und sie wurde seine Frau, ***und er hatte sie lieb****. Und Isaak tröstete sich nach dem Tod seiner Mutter«* (1Mo 24,67).

Doch 20 Jahre später ist aus dem »Traumstart« mit der »Traumfrau« nüchterner, staubiger, mühsamer Alltag geworden. Außerdem haben Isaak und Rebekka nach all diesen Jahren die gleiche schmerzliche Not wie ihre Eltern bzw. Schwiegereltern: Es ist immer noch kein Kind da – kein Zeichen des Segens Gottes in diesem Bereich!

Dann endlich wird Isaak in die richtige Richtung aktiv. Er betet für seine Frau – und Gott lässt sich erbitten: Rebekka wird schwanger!

Aber wie das manchmal so ist: Wünsche werden erfüllt, Gebete erhört, doch man ist immer noch nicht zufrieden, weil sich die Dinge nicht so entwickeln, wie es gewollt, gewünscht oder für richtig gehalten wurde.

Rebekka wollte zwar unbedingt Kinder, seit 20 Jahren schon, aber die Schwangerschaft sollte **nicht so** sein: »*Und die Kinder stießen sich in ihr …*« (1Mo 25,22a).

»*Und sie [Rebekka] ging hin, um den HERRN zu befragen*« (1Mo 25,22b).

Was ist bloß mit Rebekkas geistlichem Leben passiert? War es etwas so Ungewohntes für sie geworden, zu beten, Gott zu fragen, dass sie meinte, dazu einen besonderen Ort oder eine besondere Person aufsuchen zu müssen? Das war zwar damals durchaus üblich, doch man fragt sich, wie es mit ihrer persönlichen Beziehung zu Gott aussah. Und man hat nicht den Eindruck, dass mit Gott zu reden für sie eine vertraute Übung war.

Doch Gott – dieser gnädige, geduldige, wunderbare Gott – macht ihr keine Vorwürfe. Er redet mit ihr, antwortet auf ihre Fragen und gibt ihr klare Hinweise und Verheißungen für die Zukunft.

Die Jahre vergehen, die zwei Jungen sind geboren und wachsen heran, und wie das tragischerweise in vielen Ehen geschieht, ist irgendwann aus dem Miteinander ein Nebeneinander geworden. Mittlerweile gibt es »Lieblingskinder«, und aus dem ergreifenden Bericht am Anfang ihrer Ehe: »*… und er [Isaak] hatte sie [Rebekka] lieb …*« (1Mo 24,67), ist jetzt etwas ganz anderes, etwas Ungutes geworden: »*Und Isaak hatte Esau lieb … Rebekka aber hatte Jakob lieb*« (1Mo 25,28).

Und was für eine egoistische, bedürfnisorientierte »Liebe« zeigt Isaak: »*... denn Wildbret war nach seinem Mund ...*« (1Mo 25,28)!

Ganz ohne Zweifel blieben das Verhalten und die Gesinnung der Eltern nicht ohne Auswirkung auf die Beziehung der Brüder zueinander! Keine liebevolle Einheit der Eheleute, kein Zusammenstehen in der Erziehung, keine gegenseitige Liebe und Achtung, kein gemeinsames Gebet! Das bedeutet immer: Es ist große Gefahr im Verzug!

Als Nächstes werden sie wieder von einer Hungersnot heimgesucht. Isaak hört auf Gottes Warnung und wiederholt zunächst nicht den Fehler seines Vaters Abraham, der in einer ähnlichen Situation nach Ägypten zog – mit den bekannten verheerenden Konsequenzen. Aber dann wird ihm doch eine ähnliche Versuchung zum Verhängnis wie seinem Vater, und er fällt in die gleiche Sünde, indem er, während sie sich im Land der Philister aufhalten, Rebekka als seine Schwester ausgibt.

Sünden der Eltern, die sich im Leben der Kinder wiederholen ...

Doch diese Hungersnot im Land und die Probleme in Gerar waren auch eine Chance für Isaak und Rebekka, ein Ruf Gottes zur Umkehr. Und zumindest für eine Zeit scheinen sie wieder zueinandergefunden zu haben – zumindest gab es wieder Zärtlichkeit und körperliche Nähe zwischen den Eheleuten (1Mo 26,8-9):

> *»Und es geschah, als er längere Zeit dort gewesen war, da blickte Abimelech, der König der Philister, durchs Fenster, und er sah: Und siehe, Isaak scherzte [eine Umschreibung für Zärtlichkeiten zwischen Eheleuten] mit Rebekka, seiner Frau. Da rief Abimelech den Isaak und sprach: Siehe, sie ist ja deine Frau; und wie hast du gesagt: Sie ist meine Schwester? Und Isaak sprach zu ihm: Weil ich mir sagte: Dass ich nicht sterbe ihretwegen.«*

Das kommt einem sehr bekannt vor ... Von wem er das wohl gelernt hatte?

Schließlich aber geht es in ihrer Beziehung weiter bergab. Am Ende wird aus dem Nebeneinander traurigerweise ein Gegeneinander!

Diese tragische, erschütternde Geschichte ist ja sehr bekannt. Aber vielleicht ist es doch hilfreich, den einen oder anderen Aspekt etwas genauer zu beleuchten.

Rebekka sagt zu Jakob: »*Siehe, ich habe* ***deinen*** *Vater zu deinem Bruder Esau reden hören ...*« (1Mo 27,6). Sie spricht von Isaak nicht als von ihrem Mann, sondern sagt: »***dein*** *Vater*«! Und sie redet nicht mit Isaak über ihren gemeinsamen Sohn, sondern sie spricht mit ihrem Sohn über ihren Mann!

Schließlich dann verbündet sie sich mit ihrem Sohn gegen ihren eigenen Ehemann – was für eine Entwicklung!

Mittlerweile scheint ihr Herz und Gewissen verhärtet gewesen zu sein. Sie beschwört ihren Sohn nicht: »*Hör auf* ***Gottes Stimme!***« Stattdessen sagt sie: »*Und nun, mein Sohn, höre auf* ***meine Stimme*** *in dem, was* ***ich*** *dir gebiete. Geh doch zur Herde ...*« (1Mo 27,8-9).

Als Jakobs Gewissen sich doch meldet und er Einwände vorbringt (»*... ich werde Fluch auf mich bringen und nicht Segen*«; 1Mo 27,12), geht sie noch einen Schritt weiter:

»*Dein Fluch* ***komme auf mich, mein*** *Sohn! Höre nur auf* ***meine Stimme*** *und geh ...*« (1Mo 27,13).

Was für ein Angriff auf ihre Ehe! Was für ein Rat an ihren Sohn! Und wie immer bei einem »Familien-Krieg« werden auch hier andere mit hineingezogen:

»*Und Rebekka wurden die Worte Esaus, ihres ältesten Sohnes, berichtet ...*« (1Mo 27,42). Offensichtlich hatten auch damals schon üble Nachrede, Klatsch und Tratsch Hochkonjunktur!

Rebekka verlangt ein zweites Mal Gehorsam von Jakob, nachdem man ihr berichtet hat, dass Esau seinen Bruder ermorden will: *»Und nun, **mein** Sohn, höre auf **meine Stimme** und mach dich auf …«* (1Mo 27,43).

Ihre Motivation wird gleich mitgeliefert: *»Warum sollte **ich** euer beider zugleich beraubt werden an einem Tag?«* (1Mo 27,45). Mittlerweile ist sie nur noch sich selbst wichtig, will sich selbst schützen, zeigt puren Egoismus – das ist das Motiv für ihren Rat!

Zwischen Rebekka und Sara gibt es manche Parallelen: Beiden wurde unverschuldet ihre Schönheit zum Verhängnis. Beide wurden aus egoistischen Motiven von ihren eigenen Ehemännern preisgegeben. Beide mussten sehr lange auf den verheißenen Erben warten. Bei beiden kam bei der Länge der Zeit das Vertrauen in die Verheißungen Gottes ins Wanken. Beide erlagen der Versuchung, sich mit menschlicher List und menschlichen Mitteln die Erfüllung der Verheißungen zu ertrotzen …

Das Leben beider Frauen war von Höhen und Tiefen, Glaubenszweifel und Schuld, Versagen und Angst geprägt. Doch Sara hat im Lauf ihres Lebens gelernt, Gottes Verheißungen ernst zu nehmen und Gottes Macht und Souveränität zu vertrauen. Auch Rebekka hatte – ihre Söhne betreffend – eine persönliche, sehr konkrete Verheißung von Gott selbst bekommen. Aber sie glaubte ihm offensichtlich nicht, sie traute Gott die Erfüllung seiner Verheißungen anscheinend nicht zu, meinte, selbst alles tricksen zu müssen, und scheute dabei keine List, keinen Betrug …

Gottes Ausweg beginnt immer damit,
dass wir bereit sind, ihm zu vertrauen –
egal, was es kostet! Erwin W. Lutzer

Jakob ist ja benannt und bekannt als der »*Fersenhalter*«, der Überlister – aber von wem hatte er das wohl geerbt – oder gelernt?

In 1. Mose 27,46 scheint es dann endlich mal wieder ein Gespräch zwischen Isaak und Rebekka zu geben, aber die Ernüchterung folgt umgehend:

Das vermeintliche Gespräch ist in Wirklichkeit eine geschickt »eingefädelte« Manipulation, in der wir Frauen ja leider sehr geübt und oft erfolgreich sind. Man kann sich lebhaft vorstellen, wie Rebekka mit Leidensmiene vor Isaak erscheint und ihm »die Ohren volljammert!«: »*Ich verachte das Leben wegen der Töchter Heths; wenn Jakob eine Frau nähme von den Töchtern Heths … wozu nützt mir dann das Leben?*«

Sie droht mit Selbstmord!

Da kommen Fragen auf:

- Warum reden die Eheleute nicht miteinander über die Nöte in der Familie?
- Warum beten sie nicht miteinander und füreinander?
- Warum tragen sie die Last nicht gemeinsam?
- Warum schweißt die Not sie nicht zusammen?
- Und wie ist es möglich, dass von Esau gesagt wird: »*Als Esau sah, dass die Töchter Kanaans übel waren in den Augen seines Vaters Isaak …*« (1Mo 28,8)?
- Wieso wusste er das bis dahin nicht?
- Und warum nur »*übel in den Augen seines Vaters*«?
- Warum nicht »*übel in den Augen seiner Eltern*«?

Wie viel Entfremdung, Enttäuschung, Distanz und Not, wo eigentlich Liebe, Achtung und Gemeinschaft sein sollte!

Und dann kommt im Zusammenhang mit Rebekka ein sehr interessanter Einschub:

»Und Debora, die Amme Rebekkas, starb, und sie wurde begraben unterhalb Bethel unter der Eiche; und man gab ihr den Namen ***Allon Bakut*** *« –* ***Eiche des Weinens*** (1Mo 35,8)!

Irgendwie ist man ein bisschen erstaunt über diese Information, denn von dieser Frau gab es bisher nur eine kurze sachliche Notiz:

»Und sie entließen ihre Schwester Rebekka mit ihrer Amme, und den Knecht Abrahams und seine Männer.« (1Mo 24,59)

Man hat kaum realisiert, dass es sie überhaupt gab! Aber hier plötzlich wird sie namentlich (!) erwähnt – und zwar, nachdem sie schon gestorben ist. Die Amme Rebekkas! Das heißt, sie hat Rebekka als Baby in Empfang genommen, hat sie aufwachsen sehen und begleitet. Sie ist schon damals mit Rebekka losgezogen, als diese ihre Familie verließ, um Isaaks Frau zu werden. All die Höhen und Tiefen dieser Jahre muss Debora miterlebt haben, und offensichtlich hat Rebekka sie irgendwann dem Jakob überlassen, vielleicht als eine Art »Mutter-Ersatz«! Was für eine bittere Konsequenz ihres Denkens, Handelns und Lebens – denn Rebekka hat ihren Lieblingssohn Jakob vor ihrem Tod nicht mehr wiedergesehen … und nun stirbt auch noch die Amme Rebekkas …

Doch was für eine Frau muss diese Debora gewesen sein, was für eine Spur hat sie in ihrem Leben hinterlassen! Das Weinen in dieser großen Sippe um den Verlust dieser Frau, die offensichtlich eine so große Lücke hinterlässt – die so sehr vermisst wird –, muss sehr eindrücklich gewesen sein!

Denn diese Eiche, die vorher schon etwas Besonderes gewesen sein muss, da sie **die** Eiche genannt wird, bekommt einen Namen: *»Allon Bakut«* – *»Eiche des Weinens«*, weil eine alte, scheinbar unbekannte Frau – eine Dienerin – nach einem langen Leben voller Dienst und Selbstverleugnung stirbt, nachdem sie offensichtlich ein solch großer Segen für ihre Mitmenschen war …

Ob sie wohl jemals ein freundliches Wort, Dankbarkeit oder Anerkennung für ihren Dienst bekommen hat?

Wurde sie wertgeschätzt?

Oder hat man auch bei ihr erst gemerkt, was man an ihr hatte, als sie nicht mehr da war?

Und ist es vielleicht als eine auf den ersten Blick verborgene Gnade Gottes zu werten, dass sie ihren Lauf als »Amme Rebekkas« im verheißenen Land – in Kanaan – vollenden darf?! An diesem symbolträchtigen Ort Bethel?

> »*Und Jakob kam nach Lus, das im Land Kanaan liegt, das ist Bethel, er und alles Volk, das bei ihm war. Und er baute dort einen Altar und nannte den Ort El-Bethel; denn Gott hatte sich ihm dort offenbart, als er vor seinem Bruder floh*« (1Mo 35,6-7).

Und was für ein überwältigender Kontrast zu dem König Joram, von dem wir in 2. Chronik 21,20 lesen: »*Und er ging hin, ohne vermisst zu werden …*«

Oder auch zu Jojakim: »*Man wird nicht um ihn klagen: ›Wehe, mein Bruder!‹ …*« (Jer 22,18).

Schließlich gibt es nur noch eine kurze, sachliche Erwähnung Rebekkas: »*… dort haben sie Isaak begraben und seine Frau Rebekka …*« (1Mo 49,31). Im Tod sind sie endlich wieder »vereint«, aber warum erst im Tod?

Rebekka, eine Frau mit so großen Privilegien – so vielen Chancen! Sie hat so gravierende, wunderbare Dinge mit Gott erlebt!

Sie hatte das Vorrecht, die Frau eines der Patriarchen zu sein, eines der Männer, von denen Gott selbst sagt: »*Ich bin ... der Gott Abrahams, der Gott Isaaks und der Gott Jakobs*« (2Mo 3,6)! Eine Frau mit solch einem traumhaften Start, solch einer überwältigenden Führung Gottes und mit so persönlichen, konkreten Verheißungen ...

Was hätte sie mit Gottes Hilfe aus ihrem Leben machen können, welche Spuren hätte sie hinterlassen können ...!

Auch Rebekka wird einmal im Neuen Testament erwähnt. Aber da ist kein Vorbild, kein Ansporn, keine »Mutter der Glaubenden«. Nur eine kurze, sachliche Information: »*... als Rebekka schwanger war von einem, von Isaak*« (Röm 9,10).

Was die Geschichte Rebekkas doppelt traurig und tragisch macht, ist die Tatsache, dass sie die richtige, von Gott bestimmte und bestätigte Frau für Isaak war: »*... dass sie die Frau sei, die der HERR für den Sohn meines Herrn bestimmt hat*« (1Mo 24,44).

Jedoch: »*Ein guter Anfang garantiert noch kein gutes Ende!*«

Es gilt, mit Gott zu starten, aber dann auch vor Ihm und für Ihn zu leben und durch Seine Kraft schließlich auch das Ziel zu erreichen.

Zum Nachdenken

- Welche Lehren ziehst du für dich aus den negativen Entwicklungen in Rebekkas Leben?
- Wie hat sich deine Beziehung zu Gott und – falls du verheiratet bist – eure Ehe entwickelt, in eine gute oder eine schlechte Richtung?
- Wie sieht es in deinem Gebetsleben aus?
- In welchen Bereichen bist du besonders gefährdet und solltest wachsam sein?
- Und wie sieht es aus mit dem Problem von »Lieblingskindern«?

Die Richtung, in die wir gehen, wenn wir am Ende unserer Geduld sind, spricht Bände über unser Verhältnis zu Gott! Ob wir näher zu ihm kommen – oder uns von ihm abkehren, hängt davon ab, wie gut wir ihn kennen.

Erwin W. Lutzer

Schiphra und Pua

Frauen mit Mut und Format – und doch keine »Emanzen«!

»Menschen, die ihren Gott kennen,
knicken nicht ein, wenn der Druck wächst!«

Nancy Leigh DeMoss

In Schiphra und Pua werden zwei beeindruckende Frauen vorgestellt, die sich im Hexenkessel Ägypten bewähren müssen.

In den ersten Kapiteln des 2. Buches Mose befindet sich das Volk Gottes ja in einer sehr schweren Zeit – geprägt von Knechtschaft, Not, Unterdrückung, Ungerechtigkeit, Bitterkeit und Gewalt. In dieser Situation lenkt Gott die Aufmerksamkeit auf zwei erstaunliche Frauen, die namentlich genannt werden: Schiphra und Pua – von Beruf Hebammen! Und Hebammen scheinen eine ganz besondere Spezies von burschikosen, entschlussfreudigen, handfesten Frauen zu sein. Offensichtlich waren sie als solche bekannt, bewährt und vertrauenswürdig – eben gute Hebammen! Wir hatten übrigens auch so eine in der Gemeinde!

Schiphra und Pua bekommen einen Befehl vom König der Ägypter höchstpersönlich. Einen grausamen, einen schrecklichen, einen ungeheuerlichen Befehl – besonders für Hebammen:

»Wenn ihr den Hebräerinnen bei der Geburt helft und ihr sie auf dem Geburtsstuhl seht: Wenn es ein Sohn ist, so tötet ihn …« (2Mo 1,16; nach der unrevidierten Elberfelder 1905).

Doch dann steht im Text eines von diesen göttlichen »Aber«:

*»**Aber** die Hebammen fürchteten Gott und taten nicht, wie der König von Ägypten zu ihnen gesagt hatte, sondern erhielten die Knaben am Leben«* (2Mo 1,17).

Zwei Frauen gegen den Rest der Welt …

Wahrscheinlich kennen viele von uns die Geschichte noch von Kinderstunden-Tagen – und doch ist es immer wieder herausfordernd, darüber nachzudenken, was hier geschieht:

Es geht um zwei Frauen, die vor einer Wahl stehen: vor der Wahl, entweder die Gedanken und Pläne des Königs der Könige ernst zu nehmen – oder die Drohung des Königs von Ägypten. Entweder Gott zu gehorchen – oder seinem Gegenspieler! Sie stehen vor der Wahl, entweder ihr eigenes Leben zu lieben und zu retten – oder das der neugeborenen Jungen des Volkes Gottes!

Diese beiden Hebammen treffen die richtige Wahl – aber ihre Loyalität Gott und seinem Volk gegenüber hat Konsequenzen: Sie werden vor den Pharao zitiert!

Man kann sich gut vorstellen, wie sie – um der Vorladung Folge zu leisten – die riesigen, prunkvollen Palast-Anlagen durchqueren müssen, von etlichen erstaunten, kritischen oder auch unwilligen Blicken begleitet. Schließlich stehen sie vor dem Herrscher Ägyptens, der die Macht hat, sie mit einer kleinen Daumenbewegung in den Tod zu schicken …

Umso erstaunlicher ist ihr mutiger Auftritt!

Nachdem sie vom Pharao zur Rede gestellt werden, gehen sie zum »Gegenangriff« über und stellen die Schwäche der ägyptischen Frauen bloß:

> »*Weil die hebräischen Frauen nicht wie die ägyptischen sind, denn sie sind kräftig; ehe die Hebamme zu ihnen kommt, haben sie geboren*« (2Mo 1,19).

Nun wirft die Geschichte ja einige Fragen auf: Haben die Hebammen nicht die Wahrheit gesagt – in diesem Gespräch mit dem Pharao? Haben sie geschummelt? Doch wenn man den Text im Zusammenhang liest, kann man sich das kaum vorstellen. Das waren mutige, clevere Frauen – gewohnt, mit allen möglichen Herausforderungen umzugehen. Es kann gut sein, dass sie sich zum Beispiel mit den hebräischen Frauen abgesprochen und während der letzten Phase der Geburt vor dem Eingang oder in einem Nebenraum gewartet haben, bis das Kind geboren war, um sich dann wieder um die Frauen und ihre Babys zu kümmern.

Schließlich hatte Pharao ja gesagt: »*Wenn … ihr sie auf dem Geburtsstuhl seht …*« (V. 16). Und dass die Hebräerinnen wirklich zäh und sehr belastbar waren, steht bei den Umständen, unter denen sie leben mussten, wohl außer Zweifel.

In dieser Situation wird man wiederum an die Stelle im Neuen Testament erinnert, die unter anderem von Saras Rettung in einer menschlich ausweglosen Lage spricht:

> »*Denn so schmückten sich einst auch die heiligen Frauen, die ihre Hoffnung auf Gott setzten …, deren Kinder ihr geworden seid, wenn ihr Gutes tut* ***und keinerlei Schrecken fürchtet***« (1Petr 3,5-6).

Und auch an diese Aufforderung:

> »*Man muss Gott mehr gehorchen als Menschen*« (Apg 5,29).

Schiphra und Pua erweisen sich als mutige und beeindruckende Vorbilder darin, eine solche Situation zu meistern, in der man Gott mehr gehorchen muss als den Menschen. Sie tun, was sie nach ihrem Gewissen und ihren Überzeugungen vor Gott tun müssen – und überlassen Gott alle Konsequenzen!

Wer etwas bewegen will, muss selber fest stehen. SØREN KIERKEGAARD

Und Gott handelt: Er schenkt ihnen Ehemänner und Familien, vor allem aber die Freude und Gewissheit, den Willen Gottes erfüllt, seinem Volk Gutes getan und zu seiner Existenz und Vermehrung beigetragen zu haben – und so ein echter Segen gewesen zu sein.

> »*... und Gott tat den Hebammen Gutes*« – Segen, der zurückfließt! –; »*und das Volk vermehrte sich und wurde sehr stark*« (2Mo 1,20).

Dem Namens-Lexikon von Abraham Meister nach bedeutet »*Schiphra*« übersetzt »*Schönheit*« und »*Pua*« bedeutet »*die Glänzende*«! Angesichts der Tatsache, dass Namen in der Bibel oftmals »Programm« oder Ziel und Wunsch sind, scheinen diese Namen wirklich vielsagend.

Denn diese beiden Frauen zeigen eine innere Schönheit und Stärke, die unter vielen anderen einem kleinen Jungen, von dem später einmal gesagt werden wird, dass er nicht nur schön, sondern sogar »*schön für Gott*« (Apg 7,20) war, das Leben rettete ... Ein kleiner Junge, von dem sie zu diesem Zeitpunkt nicht einmal ahnen konnten, welche herausragende, schwerwiegende Rolle er einmal für Gott und für sein Volk spielen sollte ...

Zwei Frauen, die aktiv daran beteiligt waren, dass Gottes Volk wuchs und stark wurde. Zwei Frauen, die den Richtigen fürchteten – und den Falschen nicht fürchteten. Zwei Frauen, deren Überzeugungen auch Zeiten der Prüfung und einen »Härte-Test« überstanden … Zwei Frauen, die echte Segensträger waren!

Zum Nachdenken

- Welche Gefahren bergen deiner Meinung nach schwierige Zeiten?
- Wo liegen deine persönlichen Gefährdungen in diesem Zusammenhang: Resignation, Rebellion, Mutlosigkeit, Bitterkeit …?
- Hast du Überzeugungen, für die du bereit wärst zu kämpfen – und, wenn es sein muss, auch zu leiden?

Wer vor Gott steht, braucht nicht vor Menschen zu kriechen.

Zippora

Charakterschwächen und ihre Folgen!

»Nur mit den Augen der anderen
kann man seine eigenen Fehler gut sehen!«

»Und Mose willigte ein, bei dem Mann zu bleiben; und er gab Mose Zippora, seine Tochter. Und sie gebar einen Sohn, und er gab ihm den Namen Gersom, denn er sprach: Ein Fremder bin ich geworden in fremdem Land« (2Mo 2,21-22).

»Und der HERR sprach zu Mose: Wenn du hinziehst, um nach Ägypten zurückzukehren, so sieh zu, dass du alle Wunder, die ich in deine Hand gelegt habe, vor dem Pharao tust. Und ich will sein Herz verhärten, sodass er das Volk nicht ziehen lassen wird. Und du sollst zum Pharao sagen: So spricht der HERR: Mein Sohn, mein erstgeborener, ist Israel; und ich sage zu dir: Lass meinen Sohn ziehen, damit er mir dient! Und weigerst du dich, ihn ziehen zu lassen, siehe, so werde ich deinen Sohn, deinen erstgeborenen, töten.

Und es geschah unterwegs, in der Herberge, da fiel der HERR ihn an und suchte ihn zu töten. Da nahm Zippora einen scharfen Stein und schnitt die Vorhaut ihres Sohnes

> *ab und warf sie an seine Füße und sprach: Ein Blutbräutigam bist du mir! Da ließ er von ihm ab. Damals sagte sie ›Blutbräutigam‹ der Beschneidung wegen«* (2Mo 4,21-26).

Das ist irgendwie eine unheimliche Geschichte, die im ersten Moment ziemlich verwirrend erscheint. Aber ganz offensichtlich war das Thema »Beschneidung« schon seit Längerem Diskussions-Stoff und Anlass für Streitgespräche im Zelt Moses.

Mose war sehr bewusst, dass Gott dieses Zeichen des Bundes von ihm erwartete. Denn bei der Einführung des Bundes-Zeichens hatte Gott deutliche Worte gesprochen:

> *»Und der Unbeschnittene ..., der an seiner Vorhaut nicht beschnitten wird, diese Seele soll ausgerottet werden aus ihrem Volk. Meinen Bund hat er gebrochen!«* (1Mo 17,14).

Aber Zippora hatte offenbar auf stur geschaltet, sie wollte nicht.

Erst als durch ihre Weigerung, Gottes Befehle zu akzeptieren und auszuführen, ihr Mann unter das Gericht Gottes und in Lebensgefahr kommt, wird sie endlich bereit, zu gehorchen und Gottes Willen über ihre menschlichen Gefühle zu stellen.

Denn dass sie genau wusste, was getan werden musste, wird daran deutlich, wie konkret, schnell und eindeutig sie agiert und argumentiert, als Gott seine Hand an Mose legt!

Wenn wir wiederum davon ausgehen, dass in der Bibel auch die Namen bedeutungsvoll sind, scheint der Name von Moses Frau auch einen Hinweis auf ihren Charakter zu geben. Zippora heißt übersetzt *»Vöglein«* – und von dem, was über sie berichtet wird, bekommt man doch den Eindruck, dass sie eine eher zart besaitete Frau – eben ein *»Vöglein«* – war.

Anscheinend gehörte sie zu den überbesorgten Müttern, die ihren Kindern jeden Schmerz ersparen möchten. Wollte sie ihren

Söhnen nicht wehtun? Wollte sie an ihnen kein Blut sehen? War die Anordnung für sie nicht nachvollziehbar? Jedenfalls wollte sie nicht, dass sie beschnitten wurden …

Auch später, als Mose mit dem Volk aus Ägypten zog, ging Zippora nicht mit ihm, sondern zog zunächst mit den Jungen wieder zu ihrem Vater zurück (2Mo 18,1-6).

Hier wird meiner Ansicht nach eine weitere Gefahr deutlich, in der besonders wir Frauen stehen: dass wir uns aus menschlichem Mitleid, menschlicher Rücksichtnahme oder charakterlicher Sensibilität Gottes klaren Anweisungen verweigern.

Aber schon damals und bis heute hat es verheerende Konsequenzen, wenn Eltern – aus welchen Gründen auch immer – in der Erziehung oder wie hier in der Umsetzung von geistlichen Prinzipien oder konkreten Anordnungen Gottes nicht »an einem Strang« ziehen. Dann gibt es Vorwürfe, Frust, Bitterkeit, Entfremdung …

So viel Kummer und Schmerz auch in christlichen Familien, wenn Disharmonien und Streitgespräche vor den Augen und Ohren der Kinder ausgetragen werden! Und wie viel Verunsicherung, Verwirrung, Angst und Zweifel hinterlassen solche Erfahrungen bei den Kindern …

Beinahe meine ich, unsere größte Not bestehe darin, dass wir keinen Mut aufbringen, unserem Versagen offen ins Auge zu sehen! FLORENCE ALLSHORN

Catherine Booth, Mitbegründerin der Heilsarmee, sagte dazu:

»Wann immer es zu Meinungsverschiedenheiten kam, legte ich meinem Mann meine Sicht dar und die Gründe, auf

denen sie basierte, und versuchte ihn davon zu überzeugen. Das Ergebnis war entweder, dass er meine Haltung übernahm, oder aber, dass ich mir seine Haltung zu eigen machte. In beiden Fällen war die Einigkeit des Denkens und Handelns wiederhergestellt. Meine vierte Regel lautete: Meinungsverschiedenheiten ***niemals*** *vor den Kindern austragen. Ich hielt es für besser, im Moment einer aus meiner Sicht falschen Einschätzung nachzugeben, als vor den Kindern zu widersprechen. Aber natürlich habe ich in solchen Fällen die erste sich bietende Gelegenheit genutzt, um die Sache zu klären. Dieser Weg hat sich nach allen Erfahrungen als weise erwiesen.«*

Zum Nachdenken

- Hast du schon einmal über deine gravierendsten Charaktersünden und -schwächen nachgedacht?
- Wenn ja, welche sind dir konkret bewusst geworden?
- Wie wirken sie sich in Bezug auf ein Leben zur Ehre Gottes und auf das Zusammenleben mit deinen Mitmenschen aus?
- Willst du etwas ändern – und wenn ja, wie?

Ein Fehler, den man erkennt,
ist schon halb gebessert!

Zelophchads Töchter

Fünf Frauen kämpfen um das verheißene Erbe

»Wer auf Gott vertraut,
hat einen langen Atem!«

Peter Hahne

»Und Zelophchad, der Sohn Hephers, hatte keine Söhne, sondern nur Töchter; und die Namen der Töchter Zelophchads waren: Machla und Noa, Chogla, Milka und Tirza« (4Mo 26,33).

Diese interessante Information findet sich in Kapiteln, bei denen man gerne ein bisschen »schummelt« und einiges überspringt. Doch wenn man sich mit einiger Disziplin durch die endlosen Namenslisten kämpft, entdeckt man plötzlich etwas Erstaunliches:

Unter diesen Hunderten von Männernamen tauchen plötzlich und unerwartet diese fünf Frauen auf, und wenn man über ihren Aufritt liest, ist man wirklich sehr erstaunt!

Ihre Lebensumstände waren eindeutig. Die Mutter wird gar nicht erwähnt – man kann annehmen, dass sie schon früher gestorben ist. Aber dann stirbt auch der Vater, und die fünf bleiben – da sie nicht verheiratet sind – allein zurück. Aber das Erstaunliche ist, dass sie sich von diesen traurigen, frustrierenden Lebens-Umständen nicht entmutigen lassen. Sie hätten ja ohne Weiteres argumentieren können:

»*Wir haben ja leider keine Möglichkeit, für Gott aktiv zu werden und ein Erbe im verheißenen Land zu bekommen … Wir haben keinen Vater und keine Mutter, die Verantwortung für uns übernehmen könnten, Ehemänner haben wir auch nicht – noch nicht einmal Brüder sind da! Da kann man leider nichts machen!*«

Aber diese fünf Frauen waren nicht passiv und versanken auch nicht in Selbstmitleid. Im Gegenteil: Sie hatten ein Anliegen, ein Ziel, eine Vision! Sie wollten unbedingt, dass der Segen Gottes in ihrem Leben erfahrbar und real wurde durch ein Erbteil in dem verheißenen Land. Es gab etwas, das war ihnen so wichtig, dass sie alle kulturelle und weibliche Zurückhaltung überwanden und aktiv wurden. Das von Gott versprochene Erbteil, als Zeichen seines Segens, war ihnen wichtiger als alles andere – und jeden Einsatz wert!

Die Menschen um sie herum werden ihren Augen kaum getraut haben, als diese fünf Frauen losgehen und sich zu Mose höchstpersönlich vorkämpfen. Ich kann mir gut vorstellen, dass ihnen bei diesem Gang etliche missbilligende, unwillige und erstaunte Blicke begegnet und gefolgt sind.

Doch sie lassen sich nicht beirren und bringen ihr Anliegen konkret und mit Nachdruck vor – und das hieß kurz gefasst: Wir wollen unser Erbteil, unseren Segen nicht verlieren!

Und Mose, der bewährte Kämpfer, der langjährige Führer des Volkes, seit so vielen Jahren gewohnt, alle möglichen und unmöglichen Probleme dieses Millionenvolkes zu lösen, ist plötzlich rat-

und hilflos! Mit der Forderung dieser fünf Frauen fühlt er sich wirklich überfordert!

Doch er tut das einzig Richtige, das man in solch einer Situation tun kann, und fragt Gott selbst um Rat.

Und siehe da, die göttliche Antwort ist überraschend, aber eindeutig: »*Die Töchter Zelophchads reden recht!*« (4Mo 27,7).

Das erinnert an diese andere Begebenheit, wo Gott ebenfalls die Worte einer Frau bestätigt hatte … Damals – bei Sara und Abraham: »*… was immer Sara zu dir sagt, höre auf ihre Stimme*« (1Mo 21,12).

Und Gott sagt noch mehr. Die geistliche Entschiedenheit der Töchter Zelophchads bewirkt, dass Gott ein zusätzliches Gebot gibt, dieses konkrete Problem betreffend – bindend für das ganze Volk.

Aber damit ist diese erstaunliche Geschichte noch nicht zu Ende:

> »*Und die Häupter der Väter vom Geschlecht der Söhne Gileads, des Sohnes Makirs, des Sohnes Manasses, aus den Familien der Söhne Josephs, traten herzu; und sie redeten vor Mose und vor den Fürsten, den Häuptern der Väter der Kinder Israel, und sprachen: Der HERR hat meinem Herrn geboten, den Kindern Israel das Land durch das Los als Erbteil zu geben; und meinem Herrn ist von dem HERRN geboten worden, das Erbteil Zelophchads, unseres Bruders, seinen Töchtern zu geben.*
>
> *Werden sie nun einem von den Söhnen der anderen Stämme der Kinder Israel zu Frauen, so wird ihr Erbteil dem Erbteil unserer Väter entzogen und zum Erbteil des Stammes hinzugefügt werden, dem sie angehören werden; und dem Los unseres Erbteils wird es entzogen werden.*

Und auch wenn das Jubel-Jahr der Kinder Israel kommt, wird ihr Erbteil zum Erbteil des Stammes hinzugefügt werden, dem sie angehören werden; und ihr Erbteil wird dem Erbteil des Stammes unserer Väter entzogen werden.

Da gebot Mose den Kindern Israel nach dem Befehl des HERRN und sprach: Der Stamm der Kinder Joseph redet recht« (4Mo 36,1-5).

Fünf Frauen haben um ihren persönlichen, von Gott verheißenen Segen gekämpft und dabei Gottes uneingeschränkten Beistand und seine Bestätigung erfahren – und wurden dadurch offensichtlich zu einem Segen und zu einer geistlichen Herausforderung für die Männer in ihrer Umgebung und für ihren Stamm.

Sie setzten durch ihre Entschiedenheit einen Denkprozess in Gang, der dazu führte, dass auch diese Männer aktiv wurden und um den Segen kämpften und Gott schließlich ein weiteres Mal sagen konnte: »*… sie reden recht!*« – nun einen ganzen Stamm betreffend.

Es gibt viele Menschen,
die sind nur das,
was ihre Zeit aus ihnen macht.
In der Gesinnung und Ausrichtung
ihrer Zeit finden sie
das Programm ihres Lebens.

Und es gibt einzelne Persönlichkeiten, die sind das, was Gott aus ihnen macht! Sie lassen sich von ihrer Zeit nicht das Programm ihres Lebens vorschreiben, sondern werden durch ihr Leben für ihre Zeit zum Programm!

Jakob Kroeker

Und die Geschichte geht immer noch weiter. Es vergehen viele, viele Jahre, und während dieser langen Zeit hatten diese fünf Frauen zwar eine Verheißung, aber immer noch kein Erbteil. Doch nach all diesen Jahren zeigen sie absolut keine geistlichen Ermüdungs-Erscheinungen. Das versprochene Erbteil – sichtbares Zeichen des Segens Gottes – ist ihnen immer noch genauso wichtig wie damals!

Und wieder werden sie aktiv! Da Mose schon gestorben ist, sind es jetzt Josua, der Priester Eleasar und die Fürsten der Kinder Israel – also wiederum eine ziemlich beeindruckende Versammlung ehrwürdiger Gestalten –, die sie aufsuchen und vor die sie treten müssen.

Doch die Töchter Zelophchads fordern ein weiteres Mal das versprochene Erbteil – und endlich erhalten sie den ersehnten Segen: ein Erbteil im verheißenen Land!

»Und Zelophchad, der Sohn Hephers, des Sohnes Gileads, des Sohnes Makirs, des Sohnes Manasses, hatte keine Söhne, sondern nur Töchter; und dies sind die Namen seiner Töchter: Machla und Noa, Chogla, Milka und Tirza. Und sie traten herzu vor Eleasar, den Priester, und vor Josua, den

Sohn Nuns, und vor die Fürsten und sprachen: Der HERR hat Mose geboten, uns ein Erbteil unter unseren Brüdern zu geben. Und er gab ihnen nach dem Befehl des HERRN ein Erbteil unter den Brüdern ihres Vaters. Und so fielen Manasse zehn Anteile zu, außer dem Land Gilead und Basan, das jenseits des Jordan liegt; denn die Töchter Manasses erhielten ein Erbteil unter seinen Söhnen« (Jos 17,3-6).

Gott fand die Töchter Zelophchads in ihrer Gesinnung, ihrem Verhalten und ihrer Wertschätzung seines Segens offensichtlich so vorbildlich, so erstaunlich, so außergewöhnlich, dass er auch ihnen ein Denkmal setzt in seinem Wort. Sie werden neunmal erwähnt – in drei Büchern der Bibel, davon viermal namentlich!

Fünf ledige Frauen, Schwestern, die den Segen Gottes wirklich wertschätzten – mehr als alles andere!

Fünf Frauen, welche die Verheißungen Gottes sehr ernst nahmen – und denen Gottes Pläne und sein Segen das Wichtigste waren. Und die dieses Ziel, diese Sicht und diese Ernsthaftigkeit durch alle Lebensumstände hindurch behielten – bis ins hohe Alter.

Gebe Gott, dass durch ihr Vorbild auch in uns eine große Wertschätzung dessen wächst, was Gott wichtig ist, einschließlich seines Segens. Und ein festes, zielgerichtetes Herz – bis zum letzten Tag!

Zum Nachdenken

- Wie steht es mit uns, mit unserer geistlichen Energie – und unseren Zielen?
- Wissen wir, wo wir hinwollen – vor allem aber, wo Gott uns hinhaben will?
- Was bedeuten uns die Verheißungen – und was der Segen Gottes? Kennen wir seine Verheißungen überhaupt?
- Und wenn wir ganz ehrlich zu uns selber und vor Gott sind: Was ist uns dann wirklich das Wichtigste?
- Wenn wir einen Wunsch frei hätten – was würden wir uns mehr als alles andere wünschen?
- Und was wird in 5, 10 oder 20 Jahren aus unseren Zielen geworden sein?

Nicht alle unsere Wünsche, aber alle seine Verheißungen erfüllt Gott!

HUDSON TAYLOR

Aksa

Eine hartnäckige Frau fordert Segen!

»Wende die Zeit an nichts,
wozu du dir nicht den Segen Gottes
erbitten kannst!«

Das Thema ist immer noch das verheißene Land und die Herausforderung, es praktisch in Besitz zu nehmen – und damit den Segen wirklich zu erfahren. Die Frau, welche vor dieser Herausforderung steht, ist Aksa, die Tochter Kalebs.

»Und Kaleb sprach: Wer Kirjat-Sepher schlägt und es einnimmt, dem gebe ich meine Tochter Aksa zur Frau. Da nahm es Othniel ein, der Sohn des Kenas, ein Bruder Kalebs; und er gab ihm seine Tochter Aksa zur Frau.

Und es geschah, als sie einzog, da trieb sie ihn an, ein Feld von ihrem Vater zu fordern. Und sie sprang vom Esel herab. Und Kaleb sprach zu ihr: Was hast du? Und sie sprach: Gib mir einen Segen; denn ein Mittagsland hast du mir gegeben, so gib mir auch Wasserquellen! Da gab er ihr die oberen Quellen und die unteren Quellen« (Jos 15,16-19).

Hier ist ein vorbildlicher Vater, dem es wichtig ist, dass seine Tochter einen guten Mann mit vor allem geistlichen Qualitäten bekommt. Und hier ist eine Tochter, bei der das Leben des Vaters tiefe Spuren hinterlassen hat und die sein Vorbild nachahmen möchte.

Wenn man den Text liest, fragt man sich vielleicht, ob Aksa etwas von einer »Emanze« an sich hatte! Aber bei genauerem Hinschauen merkt man, dass es auch ihr wirklich um den Segen Gottes und um Fruchtbarkeit ging. Und in diesem Zusammenhang zeigt auch sie diese gesegnete Hartnäckigkeit!

Aksa hat ein »Mittagsland« bekommen: staubig, trocken, unfruchtbar …

Aber sie will nicht in einer Wüste leben – sie will ein fruchtbares Land, sie will ein gesegnetes Land! Und dafür wird sie, wenn es sein muss, auch selbst aktiv – und dafür treibt sie auch ihren Mann an!

Aber darf eine Frau überhaupt ihren Mann antreiben? Soll sie ihn antreiben? Wenn ja: wann, wie und warum?

Wir haben schon darüber nachgedacht, wie wichtig es auch für uns Frauen ist, ein eigenes geistliches Leben zu führen und nicht aus »zweiter Hand« zu leben.

Und es ist unsere ganz persönliche Verantwortung, für unser Leben den Segen Gottes, geistliche Frische und Fruchtbarkeit zu wollen und zu erbitten. In diesem Fall dürfen und sollen wir sogar hartnäckig und »unverschämt« sein – weil wir damit Gott ehren und seine Verheißungen ernst nehmen.

Manchmal bekommen wir ein »*Mittagsland*« zugewiesen.
Manchmal befinden wir uns in einer »*Wüste*«, die sehr staubig ist.
Manchmal können wir »*den Himmel*« nicht mehr sehen …

In solch einer Situation ist sehr ernsthaftes und hartnäckiges Bitten um »*obere*« und »*untere*« Quellen nötig, damit aus Wüsten fruchtbares Land wird.

Dann müssen wir unseren himmlischen Vater um Quellen bitten – mit der »heiligen« Unverschämtheit eines Jakob, der Gott in jener denkwürdigen Nacht am Jabbok mit der Forderung konfrontierte: »*Ich lasse dich nicht los, es sei denn, du segnest mich*« (1Mo 32,27)!

Doch seltsamer- und unerklärlicherweise sind wir in dem einzigen Bereich, wo wir »unverschämt« und hartnäckig sein sollen, auf einmal furchtbar bescheiden. Ein aufrüttelndes Beispiel hierfür ist eine Begebenheit aus dem zweiten Buch der Könige:

> »*Und Elisa erkrankte an seiner Krankheit, an der er starb. Und Joas, der König von Israel, kam zu ihm herab und weinte über seinem Angesicht und sprach: Mein Vater, mein Vater! Wagen Israels und seine Reiter! Da sprach Elisa zu ihm: Hole Bogen und Pfeile. Und er holte ihm Bogen und Pfeile. Und er sprach zum König von Israel: Lege deine Hand auf den Bogen [d.h.: Spanne den Bogen]. Da legte er seine Hand darauf; und Elisa tat seine Hände auf die Hände des Königs. Und er sprach: Öffne das Fenster nach Osten. Und er öffnete es. Und Elisa sprach: Schieße! Und er schoss. Und er sprach: Ein Pfeil der Rettung von dem HERRN und ein Pfeil der Rettung gegen die Syrer! Und so wirst du die Syrer in Aphek schlagen bis zur Vernichtung. Und er sprach: Nimm die Pfeile. Und er nahm sie. Und er sprach zum König von Israel: Schlage auf die Erde! Und er schlug dreimal und hielt inne. Da wurde der Mann Gottes zornig über ihn und sprach: Du hättest fünf- oder sechsmal schlagen sollen, dann würdest du die Syrer bis zur Vernichtung schlagen; nun aber wirst du die Syrer dreimal schlagen*« (2Kö 13,14-19).

Elisa selbst hatte diese heilige »Unverschämtheit« gezeigt – damals, als sein großes Vorbild Elia ihm das erstaunliche Angebot machte: *»Erbitte, was ich dir tun soll, ehe ich von dir genommen werde.«* Elisas Antwort war: *»So möge mir doch ein zweifaches Teil von deinem Geist werden!«* (2Kö 2,9).

Am Ende gab es einen zornigen Propheten, wegen dieser falschen Bescheidenheit – und einen frustrierten König, der dadurch einen großen und vollständigen Sieg verpasste …

Gott möchte, dass wir Großes, Segen von ihm erwarten – und ihn dadurch ehren! Und er hielt auch Aksas Verhalten wert, an drei Stellen in seinem Wort festgehalten und bezeugt zu werden: in Josua 15,16-19; Richter 1,12-15 und 1. Chronik 2,49!

Zum Nachdenken

- Wie empfindest und wertest du Aksas Verhalten?
- Wie steht es mit deiner Beharrlichkeit im Gebet?
- Kennst du »Wüstenzeiten« in deinem Leben – und wie bist du damit umgegangen?

Prüft mich doch dadurch …
ob ich euch nicht die Fenster
des Himmels öffnen
und euch Segen bis zum Übermaß
ausgießen werde. Maleachi 3,10

Debora

Mut und Demut in Zeiten geistlicher Herausforderungen!

»Nur wer sich nach der Ewigkeit ausrichtet,
kann in dieser Zeit etwas ausrichten!«

Peter Hahne

Wieder taucht plötzlich eine Frau auf, wo man eigentlich nur Männer erwartet – und zwar bei den Richtern Israels.

»Und Debora, eine Prophetin, die Frau Lappidots, richtete Israel in jener Zeit.

Und sie wohnte [oder: saß zu Gericht] unter der Debora-Palme zwischen Rama und Bethel, auf dem Gebirge Ephraim; und die Kinder Israel gingen zu ihr hinauf zum Gericht.

Und sie sandte hin und ließ Barak, den Sohn Abinoams, von Kedes-Naphtali, rufen; und sie sprach zu ihm: Hat nicht der HERR, der Gott Israels, geboten: Geh hin und zieh auf den Berg Tabor, und nimm mit dir 10.000 Mann von den Kindern Naphtali und von den Kindern Sebulon; und ich werde Sisera, den Heerobersten Jabins, zu dir heranziehen an den Bach Kison samt seinen Wagen und seiner Menge, und ich werde ihn in deine Hand geben?

Und Barak sprach zu ihr: ***Wenn du mit mir gehst, so gehe ich; wenn du aber nicht mit mir gehst, so gehe ich nicht.***

Da sprach sie: Ich will gewiss mit dir gehen; nur dass die Ehre nicht dein sein wird auf dem Weg, den du gehst, denn in die Hand einer Frau wird der HERR Sisera verkaufen. Und Debora machte sich auf und ging mit Barak nach Kedes …

Und Debora sprach zu Barak: Mach dich auf, denn dies ist der Tag, an dem der HERR Sisera in deine Hand gegeben hat! Ist nicht der HERR ausgezogen vor dir her? Und Barak stieg vom Berg Tabor hinab, und 10.000 Mann ihm nach« (Ri 4,4-9.14).

Während vielleicht noch Verwunderung da ist über diese Richterin zwischen lauter Richtern, wird aber gleich im zweiten Vers ein interessanter Unterschied zu ihren männlichen »Kollegen« deutlich gemacht:

Debora reist nicht im Land umher und schaut dort nach dem Rechten, wie es die anderen Richter handhabten – sie bleibt an ihrem Ort, und die Menschen kommen zu ihr!

Nun könnte man zu Debora viel sagen und viel fragen. Es gibt viele Spekulationen, Interpretationen und Wertungen im Zusammenhang mit dieser interessanten und herausfordernden Frau …

Aber im Zusammenhang mit dem Thema Chancen und Gefahren von Frauen, die vor und mit Gott leben möchten – auch im Blick auf die »Herren der Schöpfung« –, möchte ich nur auf einige Aspekte näher eingehen.

Aus Richter 4,6-7 wird deutlich, dass Debora offensichtlich eine göttliche Offenbarung, einen göttlichen Befehl bekommen hat, und sie wird dieser Weisung gemäß aktiv – und lässt Barak holen:

»Und sie sandte hin und ließ Barak, den Sohn Abinoams, von Kedes-Naphtali, rufen; und sie sprach zu ihm: Hat nicht der HERR, der Gott Israels, geboten: Geh hin und zieh auf den Berg Tabor, und nimm mit dir 10.000 Mann von den Kindern Naphtali und von den Kindern Sebulon; und ich werde Sisera … in deine Hand geben?«

Barak folgt ihrem Ruf, und ich finde es sehr interessant und beachtenswert, wie Debora ihm begegnet und dann auch ihm gegenüber argumentiert.

Obwohl sie in der Position einer Richterin ist, empfängt sie ihn nicht mit Vorwürfen, hat keine Anklagen. Sie hält ihm seine Passivität und seinen fehlenden Mut nicht vor – und sie verachtet ihn auch nicht!

Sie sagt auch nicht: *»Jetzt reiß dich mal zusammen, leg mal los und tu endlich, was du tun sollst!«*

Und obwohl es der Wahrheit entsprochen hätte, sagt sie auch nicht: *»Gott hat mir gesagt: Du sollst das und das tun.«*

Sie lässt Barak seine Würde, sie behandelt ihn mit Achtung und Respekt, ohne die Wahrheit zu verschweigen. Und sie lässt ihm seine Entscheidungsfreiheit.

Außerdem kleidet sie das Problem in eine Frage, sodass es für Barak leichter wird, sich korrigieren zu lassen – und zeigt damit echte Demut und Weisheit:

»Hat nicht der HERR, der Gott Israels geboten: Geh hin und zieh auf den Berg Tabor, und nimm mit dir 10.000 Mann von den Kindern Naphtali und von den Kindern Sebulon; und ich werde Sisera, den Heerobersten Jabins, zu dir heranziehen an den Bach Kison samt seinen Wagen und seiner Menge, und ich werde ihn in deine Hand geben?« (Ri 4,6-7).

Unsere besten Freunde sind diejenigen, die uns warnen, wenn wir im Unrecht sind.

MARK LOUGHRIDGE

Debora ist eine begabte, fähige, vorbildliche Frau, die offensichtlich mehr Mut, mehr Glauben, mehr Gottvertrauen und mehr geistlichen Durchblick hat als einige Männer in ihrer Umgebung. Doch sie gebraucht alle diese Fähigkeiten, um zu helfen, zu dienen und zu ermutigen – aber auch dazu, sich ihrer Verantwortung vor Gott zu stellen.

Barak ist schwach im Glauben, unentschlossen, zögerlich. Ihm gibt die Gegenwart und Unterstützung einer starken Frau mehr Sicherheit als die Verheißungen Gottes!

Aber wie geht Debora mit dieser offensichtlichen Schwäche und dieser Glaubensarmut um?

Sie sagt nicht: »*Komm, lass mich das mal machen – du packst das eh nicht …!*« Sie reißt die Verantwortung nicht an sich, übernimmt nicht das Kommando!

Offen und fair nennt sie Barak die für ihn negativen Konsequenzen seiner Forderung, mit ihm zu gehen:

»*Ich will gewiss mit dir gehen; nur dass die Ehre nicht dein sein wird auf dem Weg, den du gehst, denn in die Hand einer Frau wird der HERR Sisera verkaufen*« (Ri 4,9).

Doch dann geht sie mit gutem Beispiel voran, macht sich auf, stellt sich an seine Seite, geht mit ihm in den Kampf und ermutigt ihn, spornt ihn an, richtet ihn wieder auf Gott und seine Verheißungen aus: »*Mach dich auf, denn dies ist der Tag, an dem der HERR Sisera in deine Hand gegeben hat! Ist nicht der HERR ausgezogen vor dir her?*« (Ri 4,14).

Manchmal taucht die Frage auf: »*Wie ist das nun eigentlich? Sollen wir die Brüder und Männer korrigieren – oder sollen wir nicht?*«

Nach dem, was ich bis jetzt aus der Bibel gelernt habe, ist meine Antwort:

Ja, wir sollen und müssen unsere Männer und Brüder gelegentlich korrigieren, wenn wir Gott lieben und seine Leute und sein Werk uns wichtig sind. Aber wir sind herausgefordert, dabei sehr ernsthaft darauf zu achten, aus welcher Motivation, in welcher Haltung und mit welchem Ziel wir das tun. Demut, Ehrlichkeit und eine geistliche Gesinnung sind dabei unerlässlich!

Debora scheint mir bei dieser »Gratwanderung« ein sehr beeindruckendes Vorbild zu sein:

- Sie lebt in Gemeinschaft mit Gott – und er redet mit ihr und durch sie.
- Auch sie ist eine, die Gottes Gedanken Pläne und Ziele kennt.
- Sie ist bereit, dem Volk Gottes zu dienen, sich mit seinen Problemen auseinanderzusetzen und an ihrem Platz und mit ihren Möglichkeiten die Last mitzutragen.
- Sie hat die nötige Motivation der Liebe und das richtige Maß an Demut, Offenheit und Respekt, um eine gute und hilfreiche Korrektur zu sein.

In diesem Zusammenhang gibt es einen bewegenden Text in Römer 16,1-2:

> »*Ich empfehle euch aber Phöbe, unsere Schwester, die auch eine Dienerin der Versammlung in Kenchreä ist, damit ihr sie in dem Herrn, der Heiligen würdig, aufnehmt und ihr*

beisteht, in welcher Sache irgend sie euch nötig hat; ***denn auch sie ist vielen ein Beistand*** *[oder: eine Beschützerin, Fürsorgerin]* ***gewesen, auch mir selbst.***«

Das ist ein sehr erstaunlicher Vers!

Hier ist der große Apostel Paulus, dieses unerreichte, strahlende Vorbild. Und dieser beeindruckende »Adler am Kirchenhimmel« bekennt von einer Schwester: »*Sie ist vielen, auch mir selbst, ein Beistand, eine Beschützerin, eine Fürsorgerin gewesen!*« Was für ein Zeugnis des Apostels für eine Frau!

Und wie viele Möglichkeiten, wie viele Chancen eröffnen sich, um als Frauen eine gesegnete, hilfreiche Position unter unseren Männern und Brüdern einzunehmen!

Manchmal ist es noch schwieriger, mit Siegen richtig umzugehen als mit schwierigen Situationen!

Wie wird Debora mit dieser Herausforderung fertigwerden?

Als der Feind dann endlich besiegt ist, hört man einen begeisterten Lobgesang mit vielen Strophen. Und siehe da, Barak hat – auch mit der Hilfe und Unterstützung von Debora – seine Mutlosigkeit und Resignation überwunden und kann wieder singen – gemeinsam mit Debora!

Aber die spannende Frage ist: Wie geht Debora mit diesem Sieg um, der ja menschlich gesehen auch ihr Sieg ist?

Ihr Verhalten ist wirklich beachtens- und nachahmenswert. In diesem Lied, in Richter 5, mit mindestens 30 Strophen erwähnt sie sich selbst nur dreimal kurz und am Rande, wobei sie an einer Stelle eine Ermahnung an sich selbst richtet:

»*Es ruhten die Landstädte in Israel, sie ruhten, bis ich, Debora, aufstand, bis ich aufstand, eine Mutter in Israel*« (Ri 5,7).

»Wach auf, wach auf, Debora! Wach auf, wach auf, sprich ein Lied! Mach dich auf, Barak, und führe gefangen deine Gefangenen, Sohn Abinoams!« (Ri 5,12).

»Und meine Fürsten in Issaschar waren mit Debora; und Issaschar gleich Barak; er wurde seinen Füßen nach ins Tal gesandt. An den Bächen Rubens waren große Beschlüsse des Herzens« (Ri 5,15).

Aber erstaunlicherweise setzt sie acht Strophen ein, um die andere Frau zu ehren und zu besingen, die in diesem Drama eine wichtige Rolle gespielt hat, und ihre mutigen Taten in allen Einzelheiten zu erzählen und zu bewundern – und diese andere Frau war nicht einmal eine aus dem Volk Gottes!

Wirkliche Bescheidenheit, echte Demut, ein neidloses Anerkennen dessen, was ein anderer oder eine andere Gutes getan hat – das offenbart Deboras innere Größe und ihre beeindruckende Gesinnung.

Das zeigt, wie vorbildlich ihre Motivation war. Debora hat die Schwächen ihrer Brüder nüchtern gesehen – aber sie wollte eine Hilfe, ein Segen sein. Sie wollte, dass Gottes Pläne zur Ausführung kamen und dass es seinem Volk gut ging. Und soweit das in ihren Möglichkeiten als Frau lag, wollte sie dabei mithelfen. Sie hat sich mit der Not und den Schwächen ihres Volkes eins gemacht, war – um in der Sprache der Bibel zu sprechen – bereit, »die Füße zu waschen«, war bereit zu dienen und wurde so zur Ermutigung und zum Ansporn. Sie war wirklich eine Mutter in Israel!

Obwohl sie als Richterin die Vollmacht und Autorität gehabt hätte, auch anders aufzutreten, zeigt sie weder eine falsche Passivität, die keine Verantwortung übernimmt, noch eine herrschsüchtige Aktivität, die alles an sich reißt! Worum es ihr wirklich ging, wird im letzten Vers des Kapitels deutlich:

»So mögen umkommen alle deine Feinde, HERR! Aber die ihn lieben, seien, wie die Sonne aufgeht in ihrer Kraft! – Und das Land hatte vierzig Jahre Ruhe« (Ri 5,31).

Zum Nachdenken

- Wie gehst du mit den Schwächen deiner Mitmenschen, auch mit den Schwächen der Männer in deinem Leben um – wie würdest du dich selbst beurteilen …?
- Wie reagierst du, wenn es deiner Meinung nach etwas zu korrigieren gibt?
- Hast du, wie Debora, die unabdingbare Motivation der Liebe?
- Kannst du ehrlich die Stärken anderer sehen und loben?
- Bist du in der Lage, dich neidlos zu freuen, wenn Gott andere gebraucht?

Ein guter Freund ist einer,
der meine Fehler sieht und sie ***mir*** *sagt,*
bevor der ›Feind‹ sie entdeckt
und für seine Zwecke ausnutzt!

Manoahs Frau

Eine unerwartete Begegnung und ihre Folgen ...

»Weil Gott weiß, was morgen ist,
brauchen wir heute keine Angst zu haben ...«

Heinrich Giese

Quälend lange Jahre der Unterdrückung unter der Knute der Philister liegen hinter dem Volk, welches nach dem Namen des *»Gotteskämpfers«* – *»Israel«* – genannt ist.

Als bittere Konsequenz aus der Tatsache, dass sie *»wieder taten, was böse war in den Augen des HERRN«* (Ri 13,1). Und lange Jahre quälenden Wartens liegen auch hinter einem Ehepaar dieses Volkes – im Zusammenhang mit einer nicht unbekannten Not:

> *»Und es war ein Mann aus Zorha, vom Geschlecht der Daniter, sein Name war Manoah. Und seine Frau war unfruchtbar und gebar nicht«* (Ri 13,2).

Wir wissen nicht, wie lange das frustrierende Warten bei Manoah und seiner Frau gedauert hat, als das Unglaubliche geschieht.

Völlig unerwartet hat Manoahs Frau eine Begegnung – eine Begegnung, die sie offensichtlich zutiefst überrascht, beeindruckt und erschüttert hat:

> »*Und der Engel des HERRN erschien der Frau und sprach zu ihr: Sieh doch, du bist unfruchtbar und gebierst nicht; aber du wirst schwanger werden und einen Sohn gebären. Und nun hüte dich doch und trink weder Wein noch starkes Getränk, und iss nichts Unreines! Denn siehe, du wirst schwanger werden und einen Sohn gebären; und kein Schermesser soll auf sein Haupt kommen, denn ein Nasir Gottes soll der Knabe sein von Mutterleib an; und er wird anfangen, Israel aus der Hand der Philister zu retten*« (Ri 13,3-5).

»*Sieh doch, du bist unfruchtbar und gebierst nicht …*« Warum sagt der Engel das – mit der Aufforderung: »*Sieh!*« Was sollte Manoahs Frau sehen? Musste sie an diese schmerzliche Tatsache erinnert werden? Musste der Engel einen »Finger« in die qualvolle Wunde legen?

Bemerkenswerterweise verschweigt Manoahs Frau diesen Teil der Rede des Engels, als sie den Inhalt seiner Worte ihrem Mann berichtet … Und auffallend ist auch die zweimalige Erwähnung der Verheißung: »*… du wirst schwanger werden und einen Sohn gebären …*« (V. 3+5).

Wie stark der Eindruck dieser unerwarteten Begegnung war, zeigt sich zum einen daran, dass sie sich die Worte des Engels gut gemerkt hat. Dabei ist es beachtenswert, welche Worte sie **nicht** wiederholt: »*Sieh doch, du bist unfruchtbar und gebierst nicht …*« – vielleicht, weil die Erinnerung an diesen Tatbestand zu schmerzhaft für sie war? Zum anderen spürt man diesen starken Eindruck auch an der Intensität ihrer Reaktionen.

Doch wie vorbildlich ist ihr Umgang mit dieser außergewöhnlichen Begegnung und der erstaunlichen, gewöhnungsbedürftigen Ankündigung, Mutter eines Nasirs zu werden! Sie macht sich auf zu ihrem Mann, erzählt ihm ausführlich und detailliert, was passiert ist, lässt ihn teilhaben an ihrem Erleben, ihrem Reagieren und ihren Eindrücken.

Manoahs spontane Reaktion zeigt, dass er keine Spur von Zweifel daran hat, dass der Bericht seiner Frau absolut vertrauenswürdig und zuverlässig ist – auch wenn er schier unglaublich anmutet. Was wiederum etwas aussagt über den positiven Charakter seiner Frau …

> »*Da flehte Manoah zu dem HERRN und sprach: Bitte, Herr, der Mann Gottes, den du gesandt hast, möge doch wieder zu uns kommen und uns lehren, was wir tun sollen mit dem Knaben, der geboren werden soll*« (Ri 13,8).

Und erstaunlich ist auch die Tatsache, dass er an dieser Stelle keinen Zweifel, keinen Unglauben zeigt, sondern ganz sicher damit rechnet, dass Gott seine Verheißungen erfüllen wird …

Gott antwortet auf dieses Flehen – aber es ist nur eine teilweise Erhörung: Der Engel erscheint ihnen nicht – wie von Manoah erfleht – als Ehepaar, sondern wiederum nur seiner Frau! Irgendwie ist Manoah nie da, wenn es gut wäre, da zu sein …

Doch trotzdem macht sich seine Frau eins mit seinem Gebet und seinem Flehen und reagiert wiederum sehr vorbildlich:

Keine Arroganz oder Überheblichkeit. Kein Auskosten eines heimlichen Gefühls des Triumphes in dem Wissen: »*Der Engel ist wiederum nur mir erschienen!*« Keine Vorwürfe, dass sie wieder allein ist auf diesem Feld – was ausdrücklich betont wird: »*… und*

Manoah, ihr Mann, nicht bei ihr war« (Ri 13,9). Kein Zögern im alleinigen Genießen dieser außergewöhnlichen Erscheinung. Sie eilt und läuft – eine doppelte Betonung der Dringlichkeit – und berichtet das erneute Erscheinen des Engels ihrem Mann.

Und wie viel Nachdruck liegt in ihrer Eröffnung: »*Siehe, …*« (V. 10) – die gleiche Aufforderung, die der Engel gebraucht hat! Umso erstaunter liest man die folgenden Worte: »*Und Manoah machte sich auf und ging seiner Frau nach …*« (V. 11).

Das würde man jetzt eigentlich andersherum erwarten. Denn er hat schließlich um diesen Besuch gefleht – hat ihn sich gewünscht. Oder wusste er gar nicht, wo seine Frau sich aufgehalten hatte? War er ein wenig phlegmatisch – ein wenig zögerlich? War er schwer in Bewegung zu bringen? War es ihm doch nicht so wichtig? War sein Name Programm – denn er bedeutet »*Ruhe*«!?

Jedenfalls scheint ihre Motivation und ihr Tempo, so schnell wie irgend möglich wieder bei dem Engel zu sein, größer zu sein als bei ihrem Mann. Der wiederum stellt dort angekommen eine eigentlich überflüssige Frage – fast ist man versucht zu meinen: typisch Mann. ☺

Warum hat er jetzt auf einmal Zweifel an der Vertrauenswürdigkeit der Aussagen seiner Frau? Warum muss er sich nun vergewissern? Die Antwort des Engels räumt jedenfalls alle Zweifel aus dem Weg – und sie hat ein solch unendliches Gewicht: »*Ich bin's*«! Er bekennt sich mit dem Namen des Ewigen, wie er sich einst auch dem Mose und seinem Volk geoffenbart hat (2Mo 3,14).

Auch die zweite Frage ist eigentlich überflüssig, denn alle nötigen Informationen hatte der Engel des HERRN schon seiner Frau gegeben – und in seiner Reaktion diesbezüglich liegt auch ein leiser Tadel:

»Und der Engel des HERRN sprach zu Manoah: Vor allem, was ich der Frau gesagt habe, soll sie sich hüten: Von allem, was vom Weinstock kommt, soll sie nicht essen, und Wein und starkes Getränk soll sie nicht trinken, und sie soll nichts Unreines essen; alles, was ich ihr geboten habe, soll sie halten« (Ri 13,13-14).

Aber andererseits ist Manoah doch sehr beeindruckt und guten Willens, irgendwie entsprechend zu reagieren, doch der Engel des HERRN muss ihn auch darin korrigieren. Die Erklärung für die fehlende Einsicht folgt: *»Denn Manoah wusste nicht, dass es der Engel des HERRN war«* (Ri 13,16) – während von seiner Frau geurteilt wurde:

»Ein Mann Gottes ist zu mir gekommen, und sein Aussehen war wie das Aussehen des Engels Gottes, sehr furchtbar; und ich habe ihn nicht gefragt, woher er sei, und seinen Namen hat er mir nicht kundgetan« (Ri 13,6).

Doch das aufrichtige Bemühen Manoahs – trotz aller fehlenden Erkenntnis – trifft auf wohlwollende Gnade und Offenbarung: Gott handelt wunderbar!

Das Opfer wird gnädig angenommen, und Manoah und seine Frau werden vereint in ehrfürchtigem Staunen und dem Anschauen göttlicher Macht und Herrlichkeit. Und während sie zuschauen, zeigen sie die einzig passende Reaktion: Sie fallen gemeinsam vor Gott auf ihr Angesicht! Nach diesem Erleben erkennt auch Manoah mit großem Erschrecken, dass es der Engel Jahwes ist:

»Und der Engel des HERRN erschien Manoah und seiner Frau fortan nicht mehr. Da erkannte Manoah, dass es der

Engel des HERRN war. Und Manoah sprach zu seiner Frau: Wir werden gewiss sterben, denn wir haben Gott gesehen!« (Ri 13,21-22).

Das scheint für ihn die einzig mögliche, bedrohliche Konsequenz zu sein: »*Wir werden gewiss sterben …*«

Wo der Glaube beginnt, da hört die Sorge auf, und wo die Sorge beginnt, da hört der Glaube auf!

GEORG MÜLLER

Für seine Frau bedeutet es im Gegensatz dazu: Leben unter dem Segen Gottes, Vertrauen, Verheißung, Hoffnung …

Diese unterschiedlichen Reaktionen auf dasselbe Erleben bestätigen einmal mehr die Wahrheit der Überzeugung:

»*Nichts beeinflusst unser Leben mehr als das Bild, welches wir von Gott haben!*«

NANCY LEIGH DEMOSS,
»LÜGEN, DIE WIR FRAUEN GLAUBEN«

Manoahs Gott war ein Gott zum Fürchten, ein unheimlicher Gott, ein Gott auf Distanz – auch wenn Manoah beachtenswerterweise seiner Verheißung glaubte (V. 8).

Für seine Frau war Gott ein Gott, »der sich schauen lässt«, dem man vertrauen kann, der Verheißungen erfüllt …

Bei allem Positiven, was auch bei Manoah deutlich wird, war seine Frau ihm jedoch im geistlichen Bereich in einigem voraus:

- Sie erkennt eher, dass es der Engel des Herrn ist – für ihn ist es ein »Mann Gottes«.
- Sie fragt – vielleicht aus dieser Erkenntnis? – nicht nach seiner Herkunft und nicht nach seinem Namen.
- Die Tatsache, dass die Reaktion Gottes auf das Flehen Manoahs darin besteht, zunächst wiederum nur seiner Frau zu erscheinen – mit dem ausdrücklichen Hinweis, dass ihr Mann nicht bei ihr war –, hat ihre eigene »Botschaft«.
- Doch Manoahs Frau geht in einer guten Gesinnung mit den Schwächen ihres Mannes um und zeigt ihm trotzdem Achtung und Wertschätzung, auch dort, wo sie »vorausgehen« muss …
- Und sie hat ein »biblisches« Gottesbild, versteht die Botschaft der Opfer und kennt Brand- und Speisopfer, vertraut Gottes Offenbarung und kann die Zeiten richtig einordnen: *»… und er hätte uns dies alles nicht gezeigt, noch uns zu jener Zeit dergleichen vernehmen lassen«* (V. 23).

Im Gegensatz zu Noah und seiner Frau, deren Name ja auch nicht genannt wird, lernt man von dieser namenlosen Frau in wenigen Versen doch recht viel kennen.

Und vielleicht liegt ja auch eine Botschaft Gottes »zwischen den Zeilen« dahingehend, dass Manoah – durch die einseitige Nennung seines Namens – herausgefordert war, seinen Platz als Haupt in Ehe und Familie in der Verantwortung vor Gott wahrzunehmen …

Interessant in diesem Zusammenhang ist auch der Vergleich mit Sara und Abraham, Rebekka und Isaak, Hanna und Elkana …

Sara und Abraham hatten etliche konkrete Verheißungen, was den versprochenen Erben betraf – und doch kam auf die Länge der

Zeit ihr Vertrauen und ihr Glaube an Gottes Verheißungen ins Wanken. Und nur Gottes gnädiges Eingreifen verhinderte, dass aus ihrem eigenmächtigen »Erzwingen« der Verheißung eine einzige Katastrophe wurde.

Auch Rebekka bekam, als sie Gott »*befragte*«, eine eindeutige, persönliche Verheißung, dass sie und Isaak Zwillinge bekommen würden – und doch wiederholt sich bei ihnen das Dilemma aus Unglauben, Misstrauen und Eigenmächtigkeit mit all den traurigen Begleit-Erscheinungen.

Hanna leidet schrecklich, viele Jahre lang – permanent gequält von ihrer »Widersacherin« Peninna und unverstanden von ihrem Mann Elkana. Aber dann kommt der Moment, der ihr Leben verändert und ihr Herz zur Ruhe bringt. Sie weint sehr lange, und sie fleht – und sie tut ein Gelübde, und sie schüttet ihre Seele vor dem HERRN aus.

Und dann sagt sie: »*Wenn du willst, wenn du wirst …*« (vgl. 1Sam 1,11). Von diesem Tag an wird aus der »*Bitteren*« eine Lobende – eine, deren Herz in Gott frohlockt …

Hanna hatte die Bereitschaft, einen »*Nasir Gottes*« zu bekommen, aber es gibt keine Bestätigung, dass Samuel ein »*Nasir*« war. Von Manoahs Frau lesen wir gar nichts Konkretes darüber, wie sie mit dieser Not der Unfruchtbarkeit umgegangen ist – aber wir lesen auch nichts von Bitterkeit und Anklagen. Doch dann vertraut Gott ihr einen »*Nasir*« an – was für sich selbst spricht …

Aber die erstaunliche Geschichte von Manoahs Frau hat ihre eigene, sehr tröstliche und ermutigende Botschaft – besonders auch für vielleicht frustrierte Ehefrauen, deren Männer in einem geistlichen Tief stecken oder die in ihrer geistlichen Reife »hinterherhinken«.

Wie kann man in solch einer Situation eine gute Hilfe sein? Und dabei auf der Gratwanderung nicht rechts oder links »vom Pferd fallen«? Wie kann man die beiden Extreme – eine falsche Passivität und eine aggressive Aktivität – vermeiden?

Wie können wir unsere Fähigkeit als Frauen, »Zwischentöne« zu hören, »atmosphärische Störungen« zu spüren und »Sand im Getriebe zu entdecken«, hilfreich einsetzen? Wie können wir »gute Freunde« sein, wie Debora es für ihre Mitmenschen war? Nach dem Motto: »*Ein guter Freund ist einer, der meine Fehler sieht und sie* ***mir*** *sagt, bevor der ›Feind‹ sie entdeckt und für seine Zwecke ausnutzt!*«

Aber er sagt es auch **wie** ein guter Freund. Denn man kann mit der Wahrheit jemanden verletzen, erschlagen – oder auch heilen, auch wenn diese Version ebenfalls schmerzhaft sein kann: »*Treu gemeint sind die Wunden dessen, der liebt …*« (Spr 27,6), und: »*… eine milde Zunge zerbricht Knochen*« (Spr 25,15)!

Leider gibt es nicht mehr viele von solchen Freunden … Dafür leider sehr viel üble Nachrede, sehr viel Reden »hinter dem Rücken« und Heuchelei – gerade auch bei Christen!

Eine gute Ehefrau und Hilfe sein – das war auch für mich eine große geistliche Herausforderung und schmerzliche Lektion am Anfang unserer Ehe. Zu dieser Zeit dachte ich: Eine gute geistliche Ehefrau hat keine eigenen Probleme. Sie »schluckt« alles, akzeptiert alles und korrigiert nie! Das Problem verstärkte sich dadurch, dass diese Sicht zu jener Zeit auch die Überzeugung meines Mannes war!

Doch mit der Zeit verfestigte sich der Eindruck, dass bei dieser Einstellung irgendetwas Gravierendes nicht stimmen konnte!

Und wenn man lange genug alles »schluckt«, wird irgendwann der »Vulkan« explodieren – und jede Menge Wunden und Zerstörung hinterlassen!

Da die ältere Generation kaum über solche Probleme sprach und gute Ehebücher zu jener Zeit rar waren, blieb nur die beste aller Alternativen: nachschauen, nachprüfen in dem besten aller Bücher, wie Gott sich eine gute Ehefrau vorstellt. Und mit der Zeit gab es etliche hilfreiche Erkenntnisse:

- Habe ich eine Idee, wie Gott sich eine gute Ehefrau vorstellt?
- Will ich wirklich eine gute Ehefrau sein?
- Dann werde ich lernen, dass eine gute, geistliche Ehefrau nicht kritisiert, aber korrigiert – wie ein guter Freund …
- Der »beste Freund« ihres Mannes zu werden, wird eines ihrer konkreten Lebensziele!
- Und sie stellt sich einigen kritischen Fragen:
  - Bin ich in der Beurteilung dieses Problems mit Gott in Übereinstimmung? Ist das, was mich stört, auch etwas, was Gott geändert haben möchte? Oder geht es nur um meinen Egoismus, meine Empfindlichkeit und meinen Stolz?
  - Bin ich die Richtige, um das Problem anzusprechen? (Manches werde nur ich als Ehefrau ansprechen können, aber manchmal mahnt Gott uns, erst einmal für ein Problem »nur« zu beten …)
  - Habe ich die richtige Motivation – eben die der Liebe, die eines Freundes?
  - Zeige ich Disziplin und Weisheit, um eine »gute Zeit« für ein schwieriges Gespräch abzuwarten? (Wenn der Mann nach einem harten Arbeitstag müde zur Tür hereinkommt, ist sicher keine »gute Zeit« und die Wahrscheinlichkeit, ein »offenes Ohr« zu finden, ziemlich gering …)
  - Beachte ich die Wahrheit des Zitats »Der Ton macht die Musik«?

Oftmals beurteilen wir als Frauen die Dinge richtig, »sehen« manche wichtigen Details, hören »Zwischentöne«, erspüren Disharmonien, erleben Intuition …

Aber der Ton und die Art, **wie** wir die Probleme ansprechen, ist oft so verletzend, so anklagend, so kontraproduktiv, dass die Botschaft nicht mehr ankommt …

»*Viel bedeutsamer als die Überzeugungskraft von Argumenten ist die Haltung, mit der ich anderen Menschen begegne!*«, mahnt in diesem Zusammenhang Harald Binder.

Wir brauchen göttliche Bestätigung und Legitimation, die »*Weisheit von oben*« (vgl. Jak 1,5), die richtige Motivation, Disziplin und einen sanften Geist, um auf eine gute Weise Korrektur und Hilfe zu sein.

Eben wie ein guter Freund: ehrlich und liebevoll – so, wie Manoahs Frau …

Das 13. Kapitel im Buch Richter endet – wie kann es anders sein – mit der Erfüllung der göttlichen Verheißung. Der Sohn wird geboren – »*die kleine Sonne*« –, gesegnet von dem, der die Verheißung gab.

Aber offensichtlich haben Gottes Licht und Wärme auch in Manoahs Innerem ihre Wirkung getan – unterstützt durch das vorbildliche und gewinnende Verhalten seiner Frau.

Denn mit Erstaunen bemerkt man ab dem 14. Kapitel eine deutliche Veränderung Manoahs und eine bewegende und beeindruckende Einheit der Eheleute!

In Richter 14,3+10 geht Simson zu seinem Vater mit der Bitte, seine Verantwortung wahrzunehmen. Das zeigt Respekt und Vertrauen. Und sein Vater wird aktiv und stellt sich der Verantwortung!

Aber dann wird in den 20 Versen dieses Kapitels sieben Mal (!) betont: »*... sein Vater und seine Mutter ...*« Das ist eine gute Reihenfolge und eine nachahmenswerte Einheit und Einmütigkeit – bewirkt durch einen Vater, der trotz aller Schwachheit zu Gott fleht, durch eine Mutter, die in einer geistlichen Gesinnung lebt und Gott vertraut, vor allem aber durch den Gott, dem man immer und unter allen Umständen vertrauen kann ...

Zum Nachdenken

- Wie gehst du damit um, wenn sich dein Mann, ein Familienmitglied oder sonst ein dir Nahestehender in einem geistlich schwachen Zustand oder in einer geistlichen Krise befindet?
- Wie bewertest du deine Bereitschaft, eine gute, geistliche Hilfe zu sein?
- Gibt es biblische Tugenden, die du dabei für unabdingbar hältst?
- Hast du ein biblisches Gottesbild?

Was wir über Gott denken,
beeinflusst unser Vertrauen zu ihm.
Es ist ausschlaggebend dafür,
wie viel Ehre wir ihm geben.

JONI EARECKSON

Abigail

Gelungene Gratwanderung zwischen Unterordnung und Selbstständigkeit

»Weisheit ist,
zu wissen, was man als Nächstes tun muss.
Tugend ist, danach zu handeln!«

David Starr Jordan

Trauer und Bestürzung im Volk Israel: Samuel ist gestorben! Was für ein großer, schmerzlicher Verlust! Samuel – der Führer, der Richter, der Beter, der Prophet, Gottes Sprachrohr für das Volk und gleichsam »das zweite Gewissen« des Volkes und des Königs! Gerade auch für David muss das ein tiefer und sehr schmerzlicher Verlust gewesen sein, der seine Einsamkeit und Heimatlosigkeit noch verstärkte, während er auf der Flucht vor Saul durch die Wüsten, Berge und Wälder floh. In diesem Zusammenhang wird die Aufmerksamkeit auf ein Ehepaar gelenkt, wie es unterschiedlicher kaum sein kann: Nabal und Abigail!

Nabal muss wirklich ein sehr unangenehmer Mensch gewesen sein: zwar sehr reich, aber ansonsten hart, boshaft, gehässig, undankbar, verletzend – einfach fies!

Von Abigail wird als wichtigstes Merkmal gesagt, dass sie von *»guter Einsicht«* (1Sam 25,6) war, und außerdem war sie schön. Natürlich zeigt sich hier ein gravierender Unterschied zu uns heute. Damals **wurden** die Frauen verheiratet – sie hatten normalerweise keine Wahl. Wir aber sind für die Wahl des Ehepartners selbst verantwortlich.

Dann wird berichtet, dass Nabal ein Schafschur-Fest organisiert hatte, und David schickte – wie es damals üblich war – seine jungen Männer los, um als kleinen Dank für ihren Einsatz etwas von dem Überfluss des Schafschur-Festes mitzubekommen. Immerhin hatten er und seine Männer sehr gut auf Nabals Schafe und seine sonstigen Tiere aufgepasst.

Und der Gruß, den die jungen Männer einstudieren mussten, scheint mir sehr nachahmenswert:

> *»Lebe lange! Und Friede dir, und Friede deinem Haus, und Friede allem, was dein ist!«* (1Sam 25,6).

Eigentlich könnten wir uns diesen wohltuenden Gruß auch angewöhnen – spätestens wenn man Kinder im Teenie-Alter hat, scheint er sehr angebracht! Zumal in der Bibel das Begrüßen und das Segnen ja gleichgesetzt wird.

Die jungen Männer kommen zu Nabal und berichten ihm das Aufgetragene – doch dann steht dort: *»... und sie warteten ab«* (1Sam 25,9).

Was war der Grund dafür, dass dieses Abwarten hier so ausdrücklich erwähnt wird? Waren Nabals Unwillen, seine Ablehnung und Verachtung so deutlich an seinem Gesichtsausdruck abzulesen, dass es Davids Männern schier die Sprache verschlug?

Sie bekommen dann ja auch eine entsprechende Abfuhr und kehren empört und zornig zu David zurück!

»Und ein Knabe von den Knaben berichtete Abigail, der Frau Nabals, und sprach: Siehe, David hat Boten aus der Wüste gesandt, um unseren Herrn zu segnen [oder: zu begrüßen]; aber er hat sie angefahren. Und doch sind die Männer sehr gut zu uns gewesen; und es ist uns nichts zuleide geschehen, und wir haben nicht das Geringste vermisst alle Tage, die wir mit ihnen umhergezogen sind, als wir auf dem Feld waren. Sie sind eine Mauer um uns gewesen bei Nacht wie bei Tag, alle Tage, die wir bei ihnen waren und das Kleinvieh weideten. Und nun wisse und sieh zu, was du tun willst; denn das Unglück ist beschlossen gegen unseren Herrn und über sein ganzes Haus; und er ist ein solcher Sohn Belials, dass man nicht mit ihm reden kann« (1Sam 25,14-17).

Damit passiert etwas wirklich Beachtenswertes: Dieser junge Mann berichtet es Abigail, und die Frage ist: Warum tut er das? Was hat ihn dazu bewogen? Zu jener Zeit waren Frauen ja nicht unbedingt beachtet und anerkannt. Die Tatsache, dass dieser junge Mann zu Abigail kommt und sie mit dem Problem konfrontiert, macht deutlich, als was für eine Frau Abigail bekannt war. Sie stellte einen krassen Gegensatz zu ihrem Mann Nabal dar:

- Man konnte mit ihr über Probleme reden – sie hörte aufmerksam zu.
- Sie nahm die Menschen und ihre Sorgen ernst!
- Und sie war verantwortungsbewusst und aktiv.
- Sie erwies sich als umsichtig, besonnen und interessiert an ihren Mitmenschen.
- Man konnte sich auf sie verlassen.
- Sie war tatkräftig und entschlossen, soweit es in ihren Möglichkeiten lag.

Offensichtlich war sie als solch eine Frau bekannt und bewährt, auch bei den Männern in ihrer Umgebung – denn sonst hätte der junge Mann wahrscheinlich nicht bei einer Frau Hilfe gesucht!

Das ermutigt dazu, sich wiederum ein paar kritischen Fragen auszusetzen:

- Welchen Ruf habe ich bei den Menschen, die mit mir zusammenleben müssen?
- Kann man mit mir reden, auch über Probleme?
- Habe ich ein offenes Ohr und ein offenes Herz für meine Mitmenschen?
- Bin ich verantwortungsbewusst und zuverlässig?
- Werde ich aktiv, wenn es in meinen Möglichkeiten steht zu helfen?
- Bin ich bereit und in der Lage, Entscheidungen vor Gott zu treffen und dazu zu stehen, wenn ich sie in Verantwortung vor Gott getroffen habe?

Jedenfalls wird der junge Mann nicht enttäuscht – er endet seinen Bericht ja mit den Worten: »*Und nun wisse und sieh zu, was du tun willst …*« (1Sam 25,17).

Abigail reagiert prompt und schnell – sie weiß, was zu tun ist, und sie weiß auch, dass sie jetzt ganz allein vor Gott die Verantwortung auf sich nehmen und handeln muss!

Glauben heißt, Gott zum größten Faktor in unseren Berechnungen zu machen – und dann nach der gesündesten Logik zu rechnen.

Charles H. Spurgeon

»Da eilte Abigail und nahm 200 Brote und zwei Schläuche Wein und fünf zubereitete Schafe und fünf Maß geröstete Körner und 100 Rosinenkuchen und 200 Feigenkuchen und lud sie auf Esel« (1Sam 25,18).

Auch in diesem Bereich beschämt mich Abigail sehr. Bei mir herrscht meistens Chaos und Hektik, wenn etwas Unvorhergesehenes eintritt oder eine größere Menge Leute beköstigt werden muss. Aber Abigail war offensichtlich vorausplanend, weise, umsichtig – sie hatte für alle Fälle vorgesorgt, konnte spontan auf alles zurückgreifen!

Schwer beladen macht sie sich dann mit den Knechten auf den Weg, und schließlich kommt es zu der schicksalhaften Begegnung mit David. Hier wird zum zweiten Mal eine positive Eigenschaft Abigails erwähnt:

»Und als Abigail David sah, da stieg sie schnell vom Esel herab …« (1Sam 25,23).

Abigail handelt schnell und entschlossen, wo es nötig ist – und doch zeigt sie Demut, sie macht sich klein! Dreimal wird diese Tatsache wiederholt: *»… sie fiel vor David auf ihr Gesicht … beugte sich zur Erde nieder … fiel ihm zu Füßen …«* (1Sam 25,23-24).

Dann zeigt sich ein weiterer, beeindruckender Charakterzug Abigails. Obwohl sie mit einem Mann verheiratet war, von dem man nur negative Eigenschaften erfährt und der alles andere als liebenswert war, nimmt sie seine Schuld auf sich, als wäre es ihre eigene!

»… und sie fiel ihm zu Füßen und sprach: Auf ***mir****, mein Herr, sei die Schuld! Und lass doch deine Magd zu deinen*

Ohren reden und höre die Worte deiner Magd!« (1Sam 25,24).

Das ist wirklich sehr erstaunlich! Denn seit der Katastrophe im Garten Eden sind wir Menschen »Weltmeister« darin, anderen die Schuld »in die Schuhe zu schieben« für alles, was irgendwie in unserem Leben schiefläuft!

Abigail war in diesem Fall tatsächlich absolut unschuldig, aber sie nimmt trotzdem die Schuld ihres hartherzigen und charakterlosen Mannes auf sich! Was für eine Frau – was für ein Charakter!

Dieses Verhalten Abigails wirft wiederum einige Fragen auf:

- Wie ist das mit uns:
  Wie gehen wir mit der Schuld unserer Familienmitglieder oder nahestehender Menschen um?
- Was kennzeichnet unsere innere Haltung:
  Gesetz oder Gnade?
  Gerechtigkeit oder Barmherzigkeit?
  Härte oder Langmut?

Abigail verschafft sich Gehör, stellt sich der Herausforderung und hat ihre Emotionen im Griff (1Sam 25,24-25). In Vers 26 bringt sie dann ein Argument, welches an Gewichtigkeit alle anderen möglichen Argumente weit übertrifft:

»… so wahr der HERR lebt und deine Seele lebt …«, und:
»Der HERR hat dich verhindert, in Blutschuld zu kommen.«

Es ist wirklich auffallend, mit welcher Gewissheit und Selbstverständlichkeit Abigail die reale Existenz Gottes voraussetzt! So real, wie David lebend vor ihr stand, so real war für sie die Nähe des lebendigen Gottes und sein Eingreifen zur rechten Zeit – es gab für sie nicht eine Spur von Zweifel!

Woher kam die Gewissheit ihres Glaubens – die Festigkeit ihres Vertrauens? Wie war es möglich, dass ihre persönlichen, schwierigen Lebensumstände sie nicht so in Beschlag nahmen, dass sie den Blick verloren hätte für die Pläne Gottes und das Ergehen des Volkes Gottes und seines Königs?

Und sie zeigt wiederum eine erstaunliche Demut: Sie sieht sich nur als ein Werkzeug in Gottes Hand. Sie sagt nicht:

> »***Ich*** *habe dich verhindert, in Blutschuld zu kommen!*«
> Oder: »*Sei froh, dass* ***ich*** *dich gehindert habe …*«
> Sie sagt: »***Gott*** *hat dich verhindert, in Blutschuld zu kommen!*«

Wie schon zuvor erwähnt, wusste Abigail erstaunlicherweise, was Gottes Pläne mit seinem Volk und mit David waren. Das zeigt, dass sie einen weiten Horizont und ein starkes geistliches Interesse weit über ihren persönlichen Radius hinaus hatte und sich als Teil des Volkes Gottes empfand. Und sie hatte die felsenfeste Gewissheit, dass Gottes Zusagen eintreffen würden:

> »*Denn* ***gewiss wird*** *der HERR meinem Herrn ein beständiges Haus machen …*« (1Sam 25,28).

> »*Und es* ***wird*** *geschehen, wenn der HERR meinem Herrn tun* ***wird*** *nach all dem Guten, das er über dich geredet hat, und dich bestellen* ***wird*** *zum Fürsten über Israel …*« (1Sam 25,30).

Auch hier ist keine Spur von Zweifel, sondern wiederum felsenfestes Vertrauen!

Und sie macht David noch auf etwas entscheidend Wichtiges aufmerksam! Sie sagt: »*Ein* ***Mensch*** *ist aufgestanden, dich zu verfolgen und nach deiner Seele zu trachten;* ***aber*** *…*« (1Sam 25,29).

Auch in der Geschichte der beiden Hebammen in 2. Mose 1 gab es solch ein »*Aber*«!

> »***Aber*** *die Hebammen fürchteten Gott und taten nicht, wie der König von Ägypten zu ihnen gesagt hatte*« (2Mo 1,17).

Und hier:

> »***Aber*** *die Seele meines Herrn wird eingebunden sein in das Bündel der Lebendigen bei dem HERRN, deinem Gott …*« (1Sam 25,29).

Was ist das, dieses »*Bündel der Lebendigen*«?

Unser Freund Andreas Fett hat es mir erklärt: Die Hirten in der damaligen Zeit hatten immer einen kleinen Lederbeutel bei sich. Für jedes einzelne Schaf befand sich ein Stein darin. Wann immer ein neues Lämmchen geboren wurde, kam ein Stein dazu – und wenn ein Schaf verlorenging oder starb, wurde ein Stein aus dem Beutel entfernt. So hatte der Hirte immer den Überblick, konnte keines seiner Schafe aus dem Gedächtnis verlieren …

Abigail verhilft David wieder zu einem richtigen Blickwinkel. Es ist nur ein **Mensch**, der auf der einen Seite steht, der die Bedrohung verkörpert – aber auf der anderen Seite steht der lebendige **Gott**.

Und das ist auch unsere Sicherheit, das macht auch unsere Geborgenheit aus: Gott sitzt am längeren Hebel, darum können wir vertrauen, und das ist auch der Grund, warum wir uns nicht selbst helfen müssen! Gott wird zu seiner Zeit – und das heißt: zur richtigen Zeit – für uns handeln!

Von Abigail wurde gesagt, dass sie eine Frau mit guter Einsicht war, und das beweist sie auch hier: Sie denkt an Davids Zukunft, erwägt die Konsequenzen seines Handelns und versucht, ihn vor Schaden zu bewahren.

> *»… so **wird** dir dies nicht zum Anstoß sein noch zum Herzensvorwurf für meinen Herrn, dass du Blut vergossen habest ohne Ursache und dass mein Herr sich selbst Hilfe geschafft habe. Und wenn der HERR meinem Herrn wohltun **wird**, so erinnere dich an deine Magd«* (1Sam 25,31).

*»Und wenn der HERR meinem Herrn wohltun **wird**, so erinnere dich an deine Magd«* – man beachte die Zeitform!

Diese Worte erinnern uns an ähnliche Aussagen im Alten und Neuen Testament:

> *»Aber **erinnere dich an mich**, wenn es dir gut geht, und erweise doch Güte an mir und erwähne mich beim Pharao und bring mich aus diesem Haus heraus …«* (1Mo 40,14).

> *»Und er sprach zu Jesus: **Gedenke meiner**, Herr, wenn du in deinem Reich kommst!«* (Lk 23,42).

Gott segnet Abigails Worte und ihr Bemühen, David eine Hilfe und eine Korrektur zu sein: *»Gepriesen sei der HERR, der Gott Israels, der dich mir an diesem Tag entgegengesandt hat!«*, ruft David dankbar aus (1Sam 25,32).

Das ist eine wichtige Lektion, die wir in Gottes Schule lernen sollen und können, auf solch eine gute Weise eine Korrektur und ein Segen für unsere Mitmenschen – auch für die Brüder – zu sein, dass sie wieder ermutigt und auf Gott ausgerichtet werden.

Abigail war »erfolgreich«, das Unheil war abgewandt, aber wie verhält sie sich anschließend?

Es wäre ganz leicht gewesen, menschlich zu reagieren. Sie hätte Nabal alles erzählen können, während er stockbetrunken war – das war er nämlich, als sie nach Hause kam –, und sich dann mit den Worten entschuldigen können: »*Ich habe es dir doch erzählt!*« Sie hätte auch sagen können: »*Mein Mann hat ganz und gar versagt – von ihm kommt sowieso keine Unterstützung, ich ziehe mein Ding jetzt ohne ihn durch!*«

Aber obwohl er sich so katastrophal verhalten hat, respektiert sie seine Autorität als Ehemann und ihre Stellung als seine Frau und informiert ihn am nächsten Morgen, als der Rausch von Nabal gewichen ist, über das, was sie getan hat und was passiert ist.

Auch darin ist sie ein großes Vorbild!

Abigails Vertrauen auf Gott wird nicht beschämt – Gott selbst greift auf ganz dramatische Weise ein und nimmt Nabal weg!

Aber dann kommt die vielleicht härteste Bewährungsprobe für Abigail – so, wie damals für Debora nach dem Sieg über die Feinde!

Sie hat durch ihren mutigen, nicht ungefährlichen Einsatz wahrscheinlich Hunderten von Menschen das Leben gerettet, hat den zukünftigen König des Landes von einem falschen Weg abbringen können und ihn vor einer Blutschuld bewahrt, und Gott hat sich ihrer unerträglichen, persönlichen Umstände angenommen. Wie aber wird sie mit »Rückenwind« umgehen?

Aus dem, was wir gelesen und gelernt haben und auch aus unserer eigenen Erfahrung kennen, wissen wir, dass es oft für uns einfacher ist, in schwierigen Umständen die Nähe Gottes zu suchen und uns richtig zu verhalten – als dann in Gemeinschaft mit Gott zu bleiben, wenn es uns gut geht!

Doch Abigail ist in ihrem Herzen und ihrem Charakter von Gott selbst geprägt worden und hat die richtige Herzens-Einstellung!

Offensichtlich war David von dieser einen Begegnung mit Abigail so sehr beeindruckt, dass er prompt sein Herz an sie verlor und – nachdem sie Witwe geworden war – um sie warb. Und jetzt zeigt sich wiederum, »aus welchem Holz sie geschnitzt war«.

Als die Knechte Davids kommen und den Heiratsantrag überbringen, zeigt sie ihnen die gleiche Ehrerbietung und Demut wie ihrem Herrn – sie beugt sich wiederum mit dem Gesicht zur Erde und zeigt mit ihren Worten, dass sie zum Dienen bereit ist:

> *»Siehe, deine Magd als Dienerin, um die Füße der Knechte meines Herrn zu waschen«* (1Sam 25,41).

»Die Füße der Knechte meines Herrn« waren in Wirklichkeit nicht gerade gut riechende, sondern ungewaschene, unappetitliche Männerfüße, aber Abigail ist bereit, diese »Drecksarbeit« zu tun. Und man erinnert sich an Johannes 13 und den Befehl unseres Herrn, was »Fußwaschung« betrifft.

Und dann macht sie sich zum dritten Mal *»schnell«* (V. 42) auf – und wird Davids Frau.

Abigail – eine Frau, die wirklich ein Segen, ein Segensbringer für ihre Umgebung war:

Ein Segen dadurch, dass sie ein offenes Ohr und ein offenes Herz für ihre Mitmenschen hatte. Und auch darin, dass sie bewährt und zuverlässig war.

Ein Segensbringer, indem sie aktiv wurde, als es in ihren Möglichkeiten lag, zu handeln und zu helfen. Vorbild auch darin, dass sie bereit war, Verantwortung vor Gott zu übernehmen …

Herausfordernd und ermutigend durch ihren festen Glauben, ihr Vertrauen und die unerschütterliche Gewissheit in Bezug auf die Realität Gottes und die rechtzeitige Erfüllung seiner Verheißungen. Ein Vorbild auch durch ihre Demut und die willige Bereitschaft zum Dienen – sich mit dem »Schmutz« der Füße ihrer Mitmenschen zu befassen …

Und gibt es eine schönere Art, ein Segen für andere zu werden, als dadurch, dass man dabei mithelfen darf, dass Herzen und Gewissen wieder auf Gott ausgerichtet werden, Mut und Hoffnung gewinnen?

Doch wenn auch alles andere im Meer der Vergessenheit versinkt, sollte der Trost dieser Zusage in unserem Gedächtnis und vor allem im Herzen bleiben:

> *»… aber die Seele meines Herrn* (und auch meine Seele) *wird eingebunden sein in das Bündel der Lebendigen bei dem HERRN, deinem* (und auch unserem) *Gott«* (1Sam 25,29)!

Zum Nachdenken

- Wenn Gott dich mit schwierigen Menschen zusammenstellt, wie reagierst du darauf?
- Gibt es Personen oder Umstände in deinem Leben, die du als unerträglich empfindest?
- Gibt es eine Lösung dieser Probleme – und wenn ja, welche?
- Gilt Römer 8,28 auch noch, wenn man mit einem »Nabal« verheiratet ist?
- Traust du Gott zu, dass er »zur rechten Zeit« handeln wird?
- Und ist er für dich eine spürbare, lebendige Realität?

Mit etwas Geschick kann man aus den Steinen, die einem in den Weg gelegt werden, eine Treppe bauen!

Esther

Von »Betrübnis« zum »Glücksstern«!

»Wer glaubt, ist nie blind für das Elend.
Er sieht alle schrecklichen Fakten.
Aber er sieht mehr: Er sieht Gott!«

G. C. Morgan

Es ist das Jahr 486 v. Chr. – die Zeit des glanzvollen persischen Reiches unter der Herrschaft des Ahasveros.

Beim Lesen dieses faszinierenden Buches begegnet man einerseits einer geheimnisvollen, fremden, farbigen, orientalischen Kultur. Aber andererseits begegnet man dabei so vertrauten, aktuellen Problemen und Herausforderungen, wie wir sie auch aus unserem eigenen Leben kennen – die also offensichtlich weder kulturbedingt noch zeitgebunden sind.

In den ersten Versen wird berichtet, dass Ahasveros seit drei Jahren im Amt war, als er ein bombastisches Fest gab. Es wird einem fast schwindelig, wenn man die Beschreibung dieses grenzenlosen Reichtums, dieser üppigen Gelage und all dieser Superlative liest:

- Es betrifft ein riesiges Reich, von Indien bis Äthiopien – bestehend aus 127 Landschaften.

- Fürsten, Mächtige, Vornehme und Fürsten der Landschaften sind geladen …

- Es geht um die Präsentation *»des herrlichen Reichtums seines Königreiches«* und um *»die glänzende Pracht seiner Größe«* …

- Diese »Zur-Schau-Stellung« von Reichtum und Macht dauerte 180 Tage – ein halbes Jahr lang.
  (Wer hat eigentlich Zeit, ein halbes Jahr ein Fest zu feiern?)

Doch eines scheint zu allen Zeiten gleich zu sein – auch damals gab es schon die Zwei-Klassen-Gesellschaft: Für die Normalsterblichen in der Burg Susan gab es zwar auch ein Fest – aber nur eine Woche lang …

Dann gab es aber auch noch die entsprechende »feminine Variante« – ein Gala-Dinner der Königin Vasti für die Frauen.

In Esther 1,10 liest man dann: *»Am siebten Tag, als das Herz des Königs vom Wein fröhlich war …«*, und diese Erklärung zeigt sich als ziemlich aufschlussreich:

Ahasveros »schwamm« in Reichtum und Macht, er war Herrscher über ein riesiges Reich, hatte eine Frau, die für ihre Schönheit berühmt war – und doch scheint es so, als müsste er eine Woche lang Alkohol trinken, um ein wenig Fröhlichkeit zu gewinnen.

Das Problem gab es also auch damals schon …

Unter dem Einfluss des Alkohols wird auch etwas von dem Charakter dieses Mannes deutlich: Er wollte *»ihre Schönheit zeigen«* (Est 1,11)!

Damit wird ein weiteres Problem deutlich, das auch heute noch aktuell ist. Hier ist ein Mann, der seine Frau als »Dekoration« benutzt, um sein Ego aufzupolieren, um Eindruck zu schinden, um mit ihrer Schönheit zu protzen und anzugeben!

Und hier ist eine Frau – Königin Vasti –, die das nicht mit sich machen lässt, die sich verweigert, die rebelliert, die auf ihrem Recht auf Selbstbestimmung besteht – selbst in dem Wissen, dass sie dafür einen hohen Preis zahlen könnte, dass es Konsequenzen haben wird ...

Der König hat befohlen, aber Königin Vasti hat nicht gehorcht!

Es hat sich ja gezeigt, dass seit der Katastrophe im Garten Eden Männer in der Gefahr stehen, sich mit einer liebevollen, fürsorglichen Ausübung ihrer von Gott gegebenen Autorität schwerzutun, und Frauen gefährdet sind, auf eine ungute Weise die Verantwortung an sich zu reißen, oder meinen, sie notgedrungen auf sich nehmen zu müssen.

Hier sieht man wiederum eine klassische Demonstration dieser Tatsache.

In ihrem Egoismus und ihrem Verletztsein schaukeln sie sich gegenseitig hoch, und das Unheil nimmt seinen Lauf. Bei Ahasveros meldet sich der gekränkte Stolz, und es wird eine weitere Charakterschwäche deutlich:

Er, der König, entscheidet nicht selber, was mit seiner Frau geschehen soll, er gibt die Verantwortung ab – lässt andere entscheiden, beruft sich auf Traditionen, fragt die Gesetz- und Rechtskundigen ...

Was für ein erbärmlicher Herrscher, der nicht einmal weiß, wie er mit seiner eigenen Frau umgehen soll!

Und dann folgt eine sehr interessante Diskussion und Argumentation:

> *»Denn das Verhalten der Königin wird zu allen Frauen hinausdringen, sodass ihre Männer verächtlich sein werden in ihren Augen, indem sie sagen werden: Der König Ahasveros befahl, die Königin Vasti vor ihn zu bringen, aber sie kam nicht! Und an diesem Tag schon werden die Fürstinnen von Persien und Medien, die das Verhalten der Königin erfahren haben, davon reden zu allen Fürsten des Königs; und es wird Verachtung und Zorn genug geben«* (Est 1,17-18).

Das Verhalten Vastis wird Schule machen, daran gibt es für sie keinen Zweifel, es wird einen Aufstand der Frauen geben – und zwar mit einer unglaublichen Geschwindigkeit … und das ohne Telefon, Internet und Satelliten-Übertragung!

> *»… und es wird Verachtung und Zorn genug geben …«*

Auch das kennen wir zur Genüge!

Männer, die ihre Frauen oder Frauen im Allgemeinen durch ihren Egoismus und ihre Lieblosigkeit verletzen und enttäuschen, und Frauen, die daraufhin rebellieren und auf ihrem Recht bestehen – und Verachtung und Zorn genug, auf beiden Seiten!

Das Urteil wird gefällt, hart und schonungslos, und Vasti wird in die Verbannung geschickt. Das Ziel der Strafaktion wird so formuliert:

> *»… so werden alle Frauen ihren Männern Ehre geben, vom Größten bis zum Kleinsten«* (Est 1,20).

Kann es so funktionieren? Kann so Respekt entstehen, Achtung, Wertschätzung? Ist das die Lösung? Kann man per Befehl Achtung, Respekt und Wertschätzung erzwingen, einfordern?

»*Und das Wort gefiel dem König ...*« (Est 1,21).

Er fragt nicht nach Recht und Gerechtigkeit – er entscheidet nach dem, was ihm gefällt ...

Der König spricht also ein »Machtwort«, »... *dass jeder Mann Herr in seinem Haus sei und in der Sprache seines Volkes reden solle ...*« (Est 1,22). (War er selbst denn Herr in seinem Haus?)

Es gab also eine von höchster Stelle angeordnete Autorität des Mannes und eine ebenso von höchster Stelle angeordnete Unterordnung der Frauen. Was in der Praxis daraus geworden ist, kann man sich mit etwas Fantasie lebhaft vorstellen ... Männer, die sich in ihrer Rolle bestätigt fühlen, und Frauen, die sich zähneknirschend fügen – oder eben rebellieren ...

Ahasveros gab auf Anraten seiner Weisen diesen Befehl und ließ seine Untertanen dann mit der Unmöglichkeit der Ausführung dieser Anordnung allein.

Auch wir haben Anordnungen unseres Herrn, die Autorität und Unterordnung betreffend – doch welch ein Unterschied! Unser Herr lässt uns damit nicht »im Regen stehen«! Er selbst hat ein wunderbares Vorbild gegeben – und er gibt uns alles, was wir zur Ausführung seiner weisen, aus Liebe und Fürsorge geborenen Anweisungen brauchen. Er ist ein gerechter, liebevoller Herrscher, der sich um das Wohlergehen seiner Untertanen kümmert ...

Ganz anders Ahasveros! Als der schlimmste Zorn verraucht ist, meldet sich bei ihm ein Gefühl schmerzlichen Verlustes. Er vermisst seine Frau – und mit einiger Distanz erscheint ihr »Unrecht« in einem anderen Licht ... Was seine Knechte veranlasst, auf Abhilfe zu sinnen: Jede Menge schöner junger Frauen sollten herbeigeschafft werden, weil hier ein Mächtiger ein neues »Spielzeug« brauchte – auch darin haben sich die Zeiten nicht geändert. Und es ist auch vielsagend und aufschlussreich, dass es für die Auswahl nur zwei Bedingungen gab: Es musste eine Jungfrau sein, und zwar eine schöne …

»*Und das Wort gefiel dem König; und er tat so*« (Est 2,4).

Wieder das Lustprinzip, keine Frage nach den Gefühlen, den Wünschen und dem Wohl der jungen Frauen, die hier mit der größten Selbstverständlichkeit zur »Ware« degradiert werden.

Dann gibt es plötzlich einen Szenenwechsel. Ein Mann namens Mordokai kommt ins Spiel. Er ist jüdischer Herkunft und mit Hadassa (Esther), die er als Pflegetochter angenommen oder adoptiert hat, einer von denen, die aus ihrem Heimatland verschleppt wurden.

»*Hadassa*« bedeutet »*Myrte*« (ein immergrüner Baum oder Strauch), was auf Aramäisch so viel bedeutet wie: »*Gott hat betrübt*« – und »*Esther*« heißt übersetzt »*Stern*« oder »*Glücksstern*«.

Sie ist eine von denen, die aufgegriffen werden – und von einem Tag auf den anderen wird wiederum ihr ganzes Leben auf den Kopf gestellt. Schlimm genug, dass die Erinnerungen an die Vergangenheit Schmerz und Traurigkeit bargen – durch den Tod von Vater und Mutter und die Verschleppung aus Heimat und Vaterland. Auch die Zukunft ist plötzlich wieder bedrohlich und ungewiss!

Und während Mordokai Tag für Tag voller Qual, Anspannung und Unruhe die weitere Entwicklung verfolgt, kommt für Esther die Stunde der Wahrheit – sie wird zum König gerufen.

»*Und als die Reihe an Esther kam, die Tochter Abichails, des Onkels Mordokais (der sie als seine Tochter angenom-*

men hatte), dass sie zum König kommen sollte, verlangte sie nichts, außer was Hegai, der königliche Hofbeamte, der Hüter der Frauen, sagte. Und Esther erlangte Gnade in den Augen aller, die sie sahen« (Est 2,15).

Offensichtlich hat Esther bei Mordokai eine gute Erziehung und Charakter-Schulung bekommen, das zeigt sich auch in dieser Situation: Sie ist bescheiden und demütig, wie es sich auch im Weiteren zeigt.

Aber dann gibt es eine überraschende Entwicklung: Esther besitzt neben einer auffallenden äußeren Schönheit auch eine innere Schönheit, die letzten Endes mehr »Gewicht« hat!

»Und der König gewann Esther lieb, mehr als alle Frauen, und sie erlangte Gnade und Gunst vor ihm, mehr als alle Jungfrauen. Und er setzte die königliche Krone auf ihr Haupt und machte sie zur Königin an Vastis statt« (Est 2,17).

Ahasveros merkt, dass Esther anders ist als die Frauen, die er bisher gewohnt war. Sie wird von ihm als Person wahrgenommen, sie bewirkt echte Gefühle bei ihm, sie fordert ihn auf eine gute Art heraus!

Doch es scheint so, als bliebe Esthers Leben und Position unsicher, denn nach wie vor werden junge Frauen zusammengebracht – vielleicht »für alle Fälle«?

Esther ist zwar jetzt Königin, Frau des mächtigsten Herrschers der damaligen Zeit, aber das hat sie nicht hochmütig oder selbstherrlich gemacht – sie akzeptiert nach wie vor von Gott eingesetzte Autoritäten:

»Esther hatte ihr Volk und ihre Abstammung nicht bekannt gegeben; denn Mordokai hatte ihr geboten, dass sie es nicht bekannt geben sollte« (Est 2,10).

»… und Esther tat, was Mordokai sagte, wie zur Zeit, als sie bei ihm erzogen wurde« (Est 2,20).

Dadurch zeigt sie eine positive Loyalität und Unterordnung.

Dann wird Mordokai Mitwisser eines geplanten Mordanschlags auf den König Ahasveros. Er kann durch seinen Einsatz den Mord verhindern – und die Schuldigen werden bestraft.

Schließlich kommt noch eine neue Bedrohung hinzu: Ahasveros befördert einen machthungrigen, skrupellosen und charakterlosen Menschen zum zweiten Mann im Staat und feiert mit ihm seine Partys, statt sich um sein Volk und Land zu kümmern: Haman, ein Günstling, der sich das uneingeschränkte Wohlwollen des Herrschers erschleichen konnte! Der verlangt von jedermann, sich vor ihm zu verbeugen, sobald er erscheint.

Doch Mordokai weigert sich, einem Menschen die Ehre zu geben, die allein Gott gebührt! Und schließlich bekennt er sich zu seinem Volk, obwohl er ja auch Esther angewiesen und mit ihr abgesprochen hatte, ihre Herkunft zu verschweigen … War das Motiv jener Anweisung Klugheit? Oder doch eher Menschenfurcht?

Jedenfalls bewirkt diese Standhaftigkeit Mordokais bei Haman einen glühenden Hass – und aus Empörung über diesen Einen wird der finstere Entschluss, das ganze Volk der Juden auszurotten.

Um dieses Ziel zu erreichen, wird Haman seine ganze Macht, sein Geld und seinen Einfluss einsetzen …

Und Ahasveros? Ihm ist es vollkommen gleichgültig, was mit seinen Untertanen passiert. Mit einer lässigen Handbewegung gibt er ein ganzes Volk – übrigens seine besten, fleißigsten und zuverlässigsten Untertanen – der Vernichtung und dem Völkermord preis, obwohl keine begründete Anklage vorliegt!

»*Nach diesen Begebenheiten machte der König Ahasveros Haman, den Sohn Hammedatas, den Agagiter, groß, und er erhob ihn und setzte seinen Stuhl über alle Fürsten, die bei ihm waren. Und alle Knechte des Königs, die im Tor des Königs waren, beugten sich und warfen sich nieder vor Haman; denn so hatte der König seinetwegen geboten. Aber Mordokai beugte sich nicht und warf sich nicht nieder. Da sprachen die Knechte des Königs, die im Tor des Königs waren, zu Mordokai: Warum übertrittst du das Gebot des Königs? Und es geschah, als sie es Tag für Tag zu ihm sagten und er nicht auf sie hörte, berichteten sie es Haman, um zu sehen, ob die Worte Mordokais bestehen würden; denn er hatte ihnen kundgetan, dass er ein Jude wäre. Und als Haman sah, dass Mordokai sich nicht vor ihm beugte und niederwarf, da wurde Haman mit Grimm erfüllt. Aber es war in seinen Augen verächtlich, die Hand an Mordokai allein zu legen; denn man hatte ihm das Volk Mordokais kundgetan.* ***Und Haman suchte alle Juden, die im ganzen Königreich des Ahasveros waren, das Volk Mordokais, zu vertilgen***« (Est 3,1-6).

»*Und Haman sprach zum König Ahasveros: Da ist ein Volk, zerstreut und abgesondert unter den Völkern in allen Landschaften deines Königreichs; und ihre Gesetze sind von denen jedes anderen Volkes verschieden, und die Anordnungen des Königs tun sie nicht; und es ist für den König nicht geziemend, sie gewähren zu lassen. Wenn es der König für gut hält, so werde geschrieben, dass man sie*

> *umbringe; und ich will 10.000 Talente Silber in die Hände derer abwiegen, die die Geschäfte besorgen, damit sie es in die Schatzkammern des Königs bringen. Da zog der König seinen Siegelring von seiner Hand und gab ihn Haman, dem Sohn Hammedatas, dem Agagiter, dem Widersacher der Juden. Und der König sprach zu Haman: Das Silber sei dir gegeben, und das Volk, um mit ihm zu tun, wie es gut ist in deinen Augen«* (Est 3,8-11).

Dem König Ahasveros war es ja offensichtlich egal, was mit seinen Leuten passierte, solange er seinen Spaß hatte!

Doch Mordokai zerreißt angesichts des drohenden Unheils – sein Volk betreffend – seine Kleider, legt Sacktuch an, streut Asche auf seinen Kopf und erhebt ein lautes und bitterliches Geschrei. Esther wird alles berichtet, und auf ihre Nachfrage hin kommt Mordokais Anweisung:

> *»Auch gab er ihm eine Abschrift der in Susan erlassenen schriftlichen Anordnung, sie zu vertilgen: um sie Esther zu zeigen und ihr mitzuteilen und um ihr zu gebieten, dass sie zum König hineingehe, ihn um Gnade anzuflehen und vor ihm für ihr Volk zu bitten«* (Est 4,8).

Hier ist ein Mann, der zu seiner Verantwortung steht – auch wenn es eine sehr schwere Verantwortung ist! Esther ist seine Tochter geworden, er liebte sie, er will ihr Bestes – aber nun geht es um das Volk Gottes, und auch wenn es ihn innerlich zerreißt: Er weiß, was dran ist, und er stellt sich der Herausforderung. Seine Loyalität Esther gegenüber reduziert sich auf ein gutes Maß – und seine Loyalität seinem Volk, aber vor allem seinem Gott gegenüber erweist sich als stark!

»Und Hatak kam und berichtete Esther die Worte Mordokais. Da sprach Esther zu Hatak und schickte ihn zu Mordokai: Alle Knechte des Königs und das Volk der Landschaften des Königs wissen, dass für jeden, Mann und Frau, der zum König in den inneren Hof hineingeht, ohne dass er gerufen wird, eine Anordnung gilt, nämlich, dass er getötet werde; denjenigen ausgenommen, dem der König das goldene Zepter entgegenreicht, dass er am Leben bleibe; ich aber bin seit nunmehr dreißig Tagen nicht gerufen worden, um zum König hineinzugehen. Und man berichtete Mordokai die Worte Esthers« (Est 4,9-12).

Esthers Reaktion ist ja nur zu verständlich. Sie hat Angst um ihr Leben und sagt mit anderen Worten: *»Du verlangst etwas Menschenunmögliches von mir! Du verlangst, dass ich mein Leben aufs Spiel setze!«*

Die Antwort Mordokais ist inhaltsschwer:

»Denn wenn du in dieser Zeit schweigst, so wird Befreiung und Errettung für die Juden von einem anderen Ort her erstehen; du aber und deines Vaters Haus, ihr werdet umkommen. Und wer weiß, ob du nicht für eine Zeit wie diese zum Königtum gelangt bist?« (Est 4,14).

Er macht Esther bewusst: *»Wenn du dich vor deiner Verantwortung drückst, wirst du persönlich die Konsequenzen tragen, aber Gott kommt dadurch nicht in Verlegenheit – er hat immer Wege und Möglichkeiten, seine Ziele zu erreichen.«*

Hier ist eine eindrückliche Lektion in Bezug auf die scheinbare Unvereinbarkeit von menschlicher Verantwortung und göttlicher Souveränität!

Und Esther – bei Esther tut sich etwas Erstaunliches!

Sie hatte zwar in vielen Bereichen einen vorbildlichen Charakter, aber sie war auch – wie viele von uns – ängstlich, unsicher und von Menschenfurcht geprägt.

Doch hier ist wieder eine »Sternstunde«! Esther steht vor weitreichenden Entscheidungen. Und sie ist mit schwerwiegenden Fragen konfrontiert:

- Wem gehört vor allem meine Loyalität – meine Treue?
- Wird Menschenfurcht oder Gottesfurcht den Ausschlag geben?
- Wird mein Glaube diese Feuerprobe bestehen?
- Bin ich bereit, mein Leben zu wagen – für Gott und sein Volk?

Manchmal beruhigt Gott das Meer. Aber manchmal lässt Gott das Meer brausen – und beruhigt sein Kind!

Charles H. Spurgeon

Esther entscheidet sich für die »Flucht nach vorne« – für den Sprung in die Arme Gottes –, gleichsam für den Schritt aus dem »sicheren« Boot auf die tanzenden Wellen …

Und dabei muss aus dem theoretischen Wissen – »*Gott ist da, ein verborgener Gott, aber dennoch neben mir*« – eine existenzielle Erfahrung werden! Es ist die Gewissheit: Er liebt mich, er kümmert sich um mich, er ist vertrauenswürdig! Schließlich hängt ihr eigenes Leben und das ihres ganzen Volkes davon ab!

Und wieder zeigt sich diese seltsame Kombination von menschlicher Verantwortung und göttlicher Souveränität:

Esther lehnt sich nicht in ihrem Thronsessel zurück nach dem Motto: »*Ich kann eh nichts machen – Gott wird das schon regeln!*«

Sie tut, was sie tun kann, mit ganzem Herzen und ganzem Einsatz und ganzem Verstand – und den ganzen Rest überlässt sie Gott gemäß dem viel zitierten Satz: »*Beten und arbeiten, als ob es von uns abhinge – und dabei wissen, dass alles von Gott abhängt!*« Und sie lässt Mordokai ausrichten:

> »*Geh hin, versammle alle Juden, die sich in Susan befinden; und fastet um meinetwillen, und esst nicht und trinkt nicht drei Tage lang, Nacht und Tag; auch ich werde mit meinen Mägden ebenso fasten. Und dann will ich zum König hineingehen, was nicht nach der Anordnung ist; und wenn ich umkomme, so komme ich um!*« (Est 4,16).

Ich finde es erstaunlich, mit welcher Selbstverständlichkeit Esther bei ihren Mägden ein Mitfasten voraussetzt und ebenfalls in Bezug auf Mordokai und die Juden in der Stadt Susan. Menschen, die mit Gott leben, ziehen andere mit – sie sind wie Lokomotiven! War Esther so vorbildlich, so beeindruckend, so glaubwürdig, dass ihre Mägde ohne zu zögern »mitzogen«? War ihre Loyalität Gott und seinem Volk gegenüber so »ansteckend«, so mitreißend – oder geschah es auf Anordnung?

Esther hat eine Entscheidung getroffen – und sie gibt dem König der Könige die größere Ehre: »*Ich werde Gott mehr gehorchen als den Menschen, auch wenn es meinen Tod bedeutet! Ich werde tun, was ich tun kann, auch wenn es menschlich unvernünftig scheint! Ich werde meinem Gott treu sein und meinen Glauben nicht verleugnen!*«

Man fragt sich mit Erstaunen, was mit der unsicheren, von Menschenfurcht versuchten Esther passiert ist, und wird an einige Personen im Neuen Testament erinnert, wie zum Beispiel Petrus und Nikodemus.

Dann beginnt das große Fasten – drei Tage lang!

> »*Und es geschah am dritten Tag, da kleidete sich Esther königlich und trat in den inneren Hof des Hauses des Königs, dem Haus des Königs gegenüber. Und der König saß auf seinem königlichen Thron im königlichen Haus, dem Eingang des Hauses gegenüber*« (Est 5,1).

Dann kommt der entscheidende Augenblick, der über Leben und Tod entscheidet:

> »*Und es geschah, als der König die Königin Esther im Hof stehen sah, erlangte sie Gnade in seinen Augen; und der König reichte Esther das goldene Zepter entgegen, das in seiner Hand war. Und Esther trat herzu und rührte die Spitze des Zepters an.*
>
> *Und der König sprach zu ihr: Was hast du, Königin Esther, und was ist dein Begehr? Bis zur Hälfte des Königreichs, und es soll dir gegeben werden!*
>
> *Und Esther sprach: Wenn es der König für gut hält, so möge der König mit Haman heute zu dem Mahl kommen, das ich ihm bereitet habe.*
>
> *Da sprach der König: Bringt Haman unverzüglich her, damit wir tun, was Esther gesagt hat. Und der König und Haman kamen zu dem Mahl, das Esther bereitet hatte.*
>
> *Und der König sprach zu Esther beim Weingelage: Was ist deine Bitte? Und sie soll dir gewährt werden. Und was*

ist dein Begehr? Bis zur Hälfte des Königreichs, und es soll geschehen! Da antwortete Esther und sprach: Meine Bitte und mein Begehr ist: Wenn ich Gnade gefunden habe in den Augen des Königs und wenn es der König für gut hält, meine Bitte zu gewähren und mein Begehr zu tun, so möge der König mit Haman zu dem Mahl kommen, das ich ihnen bereiten will; und morgen will ich nach dem Wort des Königs tun« (Est 5,2-8).

Eine vor Gott wohlgefällige Loyalität ist keine, bei der man den Verstand ausschalten muss! Ganz im Gegenteil!

An Gott zu glauben und mit ihm zu leben, ihm zu vertrauen, heißt nicht, den Verstand »an der Garderobe abzugeben«.

Esther ist auf eine gute Art den Zeiten entwachsen, in denen sie ohne zu fragen tat, was Mordokai ihr sagte, und zeigt mittlerweile viel gesunden und geheiligten Verstand und eine gesunde Selbstständigkeit: Sie kleidet sich königlich, sie agiert pfiffig, sie ist klug genug, um zu wissen, wie sie mit Ahasveros umgehen muss. Sie tut, was sie tun kann, und überlässt Gott den Rest. Sie macht es Ahasveros leicht, das Richtige zu tun, indem sie in dem ihr zugänglichen Bereich ihm alle Hindernisse aus dem Weg räumt.

Das ist ein gutes Lebensprinzip, denn wir können es unseren Mitmenschen leicht oder schwer machen, richtige Entscheidungen zu treffen.

Ahasveros ist guter Laune und zeigt sich großzügig – und Esther kann mit Gottes Hilfe trotz der Bedrohung klug und strategisch denken und wirklich hilfreiche Entscheidungen treffen. Und sie besteht die Gratwanderung zwischen weiser Einflussnahme und unguter Manipulation.

Von Haman lesen wir:

»Als er in sein Haus gekommen war, sandte er hin und ließ seine Freunde und seine Frau Seresch kommen« (Est 5,10).

Haman muss seine Frau holen lassen, als er frustriert nach Hause kommt. (Wo war sie? Und warum muss er sie holen lassen?) Und ihr Rat in Bezug auf Mordokai verrät ihren üblen Charakter. Was für eine Ehebeziehung! Was für eine gegenseitige Beeinflussung zum Bösen!

»Da sprachen seine Frau Seresch und alle seine Freunde zu ihm: Man richte einen Baum her, fünfzig Ellen hoch; und am Morgen sage dem König, dass man Mordokai daran hänge. Dann geh mit dem König fröhlich zum Mahl! Und das Wort gefiel Haman, und er ließ den Baum herrichten« (Est 5,14).

Der Galgen wird aufgerichtet, der Plan ist fertig, und am nächsten Tag soll Mordokai sterben – als Erster seines ganzen Volkes …

Und wo ist Gott in diesem ganzen Drama?

- Warum tritt er nicht in Erscheinung?
- Wo war er, als Esthers Eltern starben?
- Warum sah er anscheinend tatenlos zu, als die Perser in Jerusalem einfielen und die Leute wegschleppten?
- Oder als Esther in die Hände der Häscher geriet?
- Warum verhinderte er nicht, dass sie zum König musste?
- Wo war er, als der Galgen errichtet wurde?
- Während Ahasveros sich betrank?
- Warum greift er hier nicht ein?
- Warum zeigt er sich nicht?
- Was geschieht mit unserem Vertrauen in solch dunklen Zeiten?

Ich denke, die meisten von uns kennen solche quälenden Fragen – dieses Gefühl, dass Gott diese Erde und uns sich selbst überlassen zu haben scheint! Dass man auf Hilfe wartet, aber sich alleingelassen fühlt! Dass man Reaktionen von Gott erwartet – und anscheinend nichts passiert.

Im Buch Esther ist Gott ein verborgener Gott – es ist das einzige Buch der Bibel, in dem Gott kein einziges Mal erwähnt wird. Und für manche von uns ist er ebenfalls ein verborgener Gott – und wir haben an dieser Problematik schwer »zu kauen«.

Und dann wächst diese Sehnsucht, dass der »verborgene Gott« ein »sichtbarer Gott« wird! Dass er »deutlicher« redet, »hörbarer« antwortet, sich »fühlbarer« offenbart!

Eine Herausforderung, ein Härtetest für unser Vertrauen, unsere Loyalität …

Doch dann »hebt sich der Vorhang« ein wenig und gestattet einen Blick »hinter die Kulissen« – und der verborgene Gott wird für kurze Zeit »sichtbar«:

- Es war Gott, der Esther ihre Schönheit gab. Und obwohl sie ihr zunächst zur Gefahr zu werden drohte, zeigte sich im Rückblick, dass Gott alles in der Hand hatte …

> »*Und er erzog Hadassa, das ist Esther, die Tochter seines Onkels; denn sie hatte weder Vater noch Mutter. Und das Mädchen war schön von Gestalt und schön von Aussehen. Und als ihr Vater und ihre Mutter gestorben waren, hatte Mordokai sie als seine Tochter angenommen*« (Est 2,7).

- »*Und das Mädchen gefiel ihm und erlangte Gunst vor ihm. Und er beeilte sich, ihr ihre Reinigungssalben und ihre Teile zu geben und ihr die sieben Mägde zu geben, die aus dem*

Haus des Königs ausersehen waren; und er brachte sie mit ihren Mägden in den besten Teil des Frauenhauses« (Est 2,9).

Auch das ist ein Werk des Gottes, der die Herzen der Könige lenkt wie »*Wasserbäche*«.

- »*Und als die Reihe an Esther kam, die Tochter Abichails, des Onkels Mordokais (der sie als seine Tochter angenommen hatte), dass sie zum König kommen sollte, verlangte sie nichts, außer was Hegai, der königliche Hofbeamte, der Hüter der Frauen, sagte. Und Esther erlangte Gnade in den Augen aller, die sie sahen«* (Est 2,15).

War das ihr Verdienst?

- »*Und der König gewann Esther lieb, mehr als alle Frauen, und sie erlangte Gnade und Gunst vor ihm, mehr als alle Jungfrauen«* (Est 2,17a).

Auch das lag nicht in ihrer Hand …

- Mordokai kann eine Verschwörung aufdecken und so einen Mord an Ahasveros verhindern – was ihm später das Leben retten wird …

»*… in jenen Tagen, als Mordokai im Tor des Königs saß, erzürnten Bigtan und Teresch, zwei Hofbeamte des Königs, von denen, die die Schwelle hüteten, und trachteten danach, Hand an den König Ahasveros zu legen.*

Und die Sache wurde Mordokai bekannt, und er berichtete es der Königin Esther; und Esther sagte es dem König im Namen Mordokais. Und die Sache wurde untersucht und für wahr befunden; und sie wurden beide an ein Holz gehängt. Und es wurde vor dem König in das Buch der Chroniken eingeschrieben« (Est 2,21-23).

- Der erbitterte Feind der Juden, Haman, macht in seiner »Hass-Rede« unbeabsichtigt »Komplimente« – die Juden betreffend:

  »*Und Haman sprach zum König Ahasveros: Da ist ein Volk, zerstreut und abgesondert unter den Völkern in allen Landschaften deines Königreichs; und ihre Gesetze sind von denen jedes anderen Volkes verschieden …*« (Est 3,8).

- »*In jener Nacht floh den König der Schlaf; und er befahl, das Buch der Denkwürdigkeiten der Chroniken zu bringen; und sie wurden vor dem König gelesen*« (Est 6,1).

Vielleicht wäre das mal ein guter Ersatz für Schlaftabletten, dass wir uns an Bewahrungen Gottes in unserem Leben erinnern!

- »*Und der König sprach: Welche Ehre und Auszeichnung ist Mordokai dafür erwiesen worden? Und die Diener des Königs, die ihn bedienten, sprachen: Es ist ihm nichts erwiesen worden*« (Est 6,3).

Und siehe da, der Egoist Ahasveros empfindet angesichts dessen, was ihm da vorgelesen wird, einen Anflug von Dankbarkeit und will sie Mordokai zukommen lassen.

Und – welch ein »göttlicher Zufall« – Haman kommt gerade just in diesem Moment zum Hof hinein, mit Mordplänen in seinem Herzen …

- »*Da sprach der König: Wer ist im Hof? Und Haman war eben in den äußeren Hof des Königshauses gekommen, um dem König zu sagen, man möge Mordokai an den Baum hängen, den er für ihn bereitet hatte. Und die Diener des Königs sprachen zu ihm: Siehe, Haman steht im Hof. Und der König sprach: Er komme herein!*« (Est 6,4-5).

Gott kümmert sich darum – zu seiner Zeit –, dass die Tat anerkannt und belohnt wird!

- Unerwartete »Schützenhilfe«: Harbona, einer von den Kämmerern des Königs, stellt sich auf die Seite von Mordokai und Esther – und Gott, der Verborgene, kümmert sich um Gerechtigkeit!

> *»Und Harbona, einer von den Hofbeamten, die vor dem König standen, sprach: Auch siehe, der Baum, den Haman für Mordokai hat machen lassen, der Gutes für den König geredet hat, steht im Haus Hamans, fünfzig Ellen hoch. Und der König sprach: Hängt ihn daran!«* (Est 7,9).

- Gott bestätigt seinen Knecht:

> *»Und Mordokai ging vom König hinaus in königlicher Kleidung von purpurblauer und weißer Baumwolle und mit einer großen goldenen Krone und in einem Mantel aus Byssus und Purpur; und die Stadt Susan jauchzte und war fröhlich. Den Juden war Licht und Freude und Wonne und Ehre zuteilgeworden. Und in jeder einzelnen Landschaft und in jeder einzelnen Stadt, überall, wohin das Wort des Königs und seine Anordnung gelangte, war Freude und Wonne bei den Juden, Gastmahl und Festtag. Und viele aus den Völkern des Landes wurden Juden, denn die Furcht vor den Juden war auf sie gefallen«* (Est 8,15-17).

- Das Herz eines Königs wird verändert:

> *»An jenem Tag kam die Zahl der in der Burg Susan Getöteten vor den König. Und der König sprach zur Königin Esther: In der Burg Susan haben die Juden fünfhundert Mann und die zehn Söhne Hamans getötet und umgebracht; was mögen sie in den übrigen Landschaften des*

Königs getan haben! Doch was ist deine Bitte? Und sie soll dir gewährt werden. Und was ist noch dein Begehr? Und es soll geschehen« (Est 9,11-12).

- »Strahlen aus der Ewigkeit«:

  »... als die Tage, an denen die Juden Ruhe erlangt hatten vor ihren Feinden, und als den Monat, wo sich ihnen Kummer in Freude, und Trauer in einen Festtag verwandelt hatte – dass sie diese feiern sollten als Tage des Gastmahls und der Freude, wo man einander Teile sendet und den Armen Geschenke gibt ...

  Und er sandte Briefe an alle Juden, in die 127 Landschaften, das Königreich des Ahasveros, Worte des Friedens und der Wahrheit ...« (Est 9,22+30).

Der »verborgene« Gott ist deshalb noch lange kein abwesender Gott! Er greift ein – oft zwar erst im allerletzten Moment, aber nie zu spät! Er hat die Fäden fest in der Hand – die ganze Zeit hindurch. Er webt das Muster – vor unseren kurzsichtigen Augen verborgen – nach seinem perfekten Plan! Er hat ein wunderbares Versprechen gegeben – und das gilt damals, heute und für immer:

> *»Wir wissen aber, dass denen, die Gott lieben, alle Dinge zum Guten mitwirken«* (Röm 8,28).

Bereits vorher findet sich noch eine aufschlussreiche Information über Haman und seine Leute:

> *»Und Haman erzählte seiner Frau Seresch und allen seinen Freunden alles, was ihm begegnet war. Da sprachen seine Weisen und seine Frau Seresch zu ihm: Wenn Mordokai, vor dem du zu fallen angefangen hast, vom Geschlecht der*

Juden ist, so wirst du nichts gegen ihn vermögen, sondern du wirst ganz und gar vor ihm fallen« (Est 6,13/vgl. 3,8).

Das ist eine interessante und unerwartete Reaktion! Woher hatte Seresch diese Erkenntnis, diese Gewissheit, und warum handelte und riet sie zuvor wider besseres Wissen?

Und sie hatte sehr recht mit ihrer Einschätzung:

*»An jenem Tag gab der König Ahasveros der Königin Esther das Haus Hamans, des Widersachers der Juden. Und Mordokai kam vor den König, denn Esther hatte ihm mitgeteilt, **was er ihr war**«* (Est 8,1).

Mordokai bekommt späte Ehre und Anerkennung, denn Esther hat dem König Ahasveros erzählt, »***was er ihr war***«, was er ihr bedeutet ...

Was sind wir für unsere Nächsten, unsere Mitmenschen? Eine Last, ein Grund zum Stöhnen? Ein »Schleifstein« oder »grobes Schmirgelpapier«? Ein Albtraum – ein Hindernis – ein »Klotz am Bein«? Oder – wie Mordokai – ein Vorbild, ein Führer, ein Freund, ein Lastenträger, ein »Vater«, eine »Mutter«, ein Familienersatz, wo die eigene Familie fehlt? Was sind wir?

»Und Esther redete wieder vor dem König und fiel zu seinen Füßen nieder; und sie weinte und flehte ihn an, die Bosheit Hamans, des Agagiters, abzuwenden und seinen Plan, den er gegen die Juden ersonnen hatte« (Est 8,3).

Die Gefahr ist noch nicht vorüber, und Esther bleibt aktiv. Zu diesem Zeitpunkt ist ihr persönliches Leben ja nicht mehr in Gefahr, aber das reicht ihr nicht. Sie hat gelernt, in der »Wir-Form« zu denken, wenn es um das Volk Gottes geht! Sie macht sich eins mit diesem Volk, mit seinem Wohlergehen! Eine göttliche Loyalität ist in ihr gewachsen …

Diese Haltung war bei Schiphra und Pua zu sehen, den beiden Hebammen in 2. Mose 1, und auch bei den Töchtern Zelophchads, bei Debora, bei Abigail – und jetzt bei Esther! Und wir sind oft so sehr mit uns und unseren persönlichen Problemen beschäftigt, haben kaum einen Blick und ein Anliegen für das Wohl und Wehe des Volkes Gottes!

Esthers Flehen wird gehört und ihre Bitte gewährt:

> »*So schreibt ihr nun im Namen des Königs bezüglich der Juden, wie ihr es für gut haltet, und untersiegelt es mit dem Siegelring des Königs. Denn eine Schrift, die im Namen des Königs geschrieben und mit dem Siegelring des Königs untersiegelt ist, kann nicht widerrufen werden*« (Est 8,8).

Ahasveros ist zum Gefangenen seiner eigenen, unüberlegten Anordnungen geworden, und wenn wir unsere Entscheidungen aus Egoismus oder Bequemlichkeit und ohne Gott treffen, wird es uns genauso ergehen!

> »*Und Mordokai ging vom König hinaus in königlicher Kleidung von purpurblauer und weißer Baumwolle und mit einer großen goldenen Krone und in einem Mantel aus Byssus und Purpur; und die Stadt Susan jauchzte und war fröhlich. Den Juden war Licht und Freude und Wonne und Ehre zuteilgeworden*« (Est 8,15-16).

Der »verborgene«, aber nicht abwesende Gott hat Mordokai Gerechtigkeit widerfahren lassen, und unter seiner Regierung verändert sich einiges:

Im Gegensatz zu den Zeiten unter Haman, die von großer Trauer, von Fasten und Weinen geprägt waren, ist die Zeit unter Mordokai von Licht, Freude und Wonne geprägt.

> »*Und im 12. Monat, das ist der Monat Adar, am 13. Tag desselben, als das Wort des Königs und seine Anordnung zur Ausführung kommen sollten, an dem Tag, als die Feinde der Juden gehofft hatten, sie zu überwältigen (es wandte sich aber, sodass sie, die Juden, ihre Hasser überwältigten) …*« (Est 9,1).

Der »verborgene« Gott wird wiederum »sichtbar« – und auch die Tatsache seiner Souveränität und seiner uneingeschränkten Möglichkeiten, trotz aller gegenteiligen Entwicklungen und aller unguten Entscheidungen seinen Willen und Plan auszuführen.

> »*Darum feiern die Juden des offenen Landes, die in den offenen Städten wohnen, den 14. Tag des Monats Adar als einen Tag der Freude und des Gastmahls und als einen Festtag, wo man einander Teile sendet.*
>
> *… als die Tage, an denen die Juden Ruhe erlangt hatten vor ihren Feinden, und als den Monat, wo sich ihnen Kummer in Freude, und Trauer in einen Festtag verwandelt hatte – dass sie diese feiern sollten als Tage des Gastmahls und der Freude, wo man einander Teile sendet und den Armen Geschenke gibt. …*
>
> *Und er sandte Briefe an alle Juden, in die 127 Landschaften, das Königreich des Ahasveros,* ***Worte des Friedens und der Wahrheit*** *…*« (Est 9,19+22+30).

Endlich ist dieser Tag der Freude und der Gemeinschaft angebrochen – ein Festtag, an dem man anderen Freude macht … ein Tag, an dem Ruhe einkehrt – an dem sich Kummer in Freude und

Traurigkeit in ein Fest verwandelt … ein Tag, an dem Worte des Friedens und der Wahrheit gehört werden …

Auf eine Weise ist das alles für uns sicher »Zukunftsmusik« und wird erst dann vollkommen erlebt, wenn wir einmal bei Gott zu Hause angekommen sein werden.

Und doch können und sollen wir schon hier und jetzt lernen, dem Gott zu glauben und zu vertrauen, der manchmal ein verborgener Gott zu sein scheint – und ein Gott, der seine Kinder manchmal *»im Dunkeln zu Bett bringt«*! Wenn wir den Sprung aus der scheinbar sicheren Welt des Sichtbaren in die Realität des Unsichtbaren wagen – in die Arme des »verborgenen« Gottes –, werden wir erleben, dass trotz schwieriger Mitmenschen und selbst lebensbedrohlicher Umstände Gott alles zu *»unserem Besten«* mitwirken lässt! Denn Gottes Loyalität seinen Leuten gegenüber ist unwandelbar, unerschöpflich, unaufgebbar …

Das hat auch Esther erfahren dürfen, die eine erstaunliche Verwandlung erlebte:

- *»Esther hatte ihr Volk und ihre Abstammung nicht bekannt gegeben; denn Mordokai hatte ihr* ***geboten****, dass sie es nicht bekannt geben sollte«* (Est 2,10).

- *»Esther gab ihre Abstammung … nicht bekannt, wie Mordokai ihr* ***geboten*** *hatte; und Esther tat,* ***was Mordokai sagte,*** *wie zur Zeit, als sie bei ihm erzogen wurde«* (Est 2,20).

- *»Und die Sache wurde Mordokai bekannt, und er berichtete es der Königin Esther; und Esther sagte es dem König* ***im Namen Mordokais****«* (Est 2,22).

- *»Und die Mägde Esthers und ihre Hofbeamten kamen und teilten es ihr mit. Da geriet die Königin sehr in Angst. Und* *sie sandte Kleider, damit man sie Mordokai anziehe und sein Sacktuch von ihm wegnehme; aber er nahm sie nicht an«* (Est 4,4).

Erstaunlicherweise wird sie nun aktiv, und eine erstaunliche Veränderung beginnt:

- Zwar verhält sich Mordokai zunächst im vertrauten Muster:

  »Auch gab er ihm eine Abschrift der in Susan erlassenen schriftlichen Anordnung, sie zu vertilgen: um sie Esther zu zeigen und ihr mitzuteilen und ***um ihr zu gebieten****, dass sie zum König hineingehe, ihn um Gnade anzuflehen und vor ihm für ihr Volk zu bitten«* (Est 4,8).

- *»Und Hatak kam und berichtete Esther die Worte Mordokais. Da sprach Esther zu Hatak und schickte ihn zu Mordokai: Alle Knechte des Königs und das Volk der Landschaften des Königs wissen, dass für jeden, Mann und Frau, der zum König in den inneren Hof hineingeht, ohne dass er gerufen wird, eine Anordnung gilt, nämlich, dass er getötet werde; denjenigen ausgenommen, dem der König das goldene Zepter entgegenreicht, dass er am Leben bleibe; ich aber bin seit nunmehr dreißig Tagen nicht gerufen worden, um zum König hineinzugehen«* (Est 4,9-11).

Esther wagt hier, ihre Sorgen und Bedenken zu äußern und sehr berechtigte Einwände anzumelden:

- *»Da ließ Esther dem Mordokai antworten: Geh hin, versammle alle Juden, die sich in Susan befinden; und fastet um meinetwillen, und esst nicht und trinkt nicht drei Tage lang, Nacht und Tag; auch ich werde mit meinen Mägden ebenso fasten. Und dann will ich zum König hineingehen,* *was nicht nach der Anordnung ist; und* ***wenn ich umkomme, so komme ich um!***« (Est 4,15-16).

Man lese und staune: Die existenzielle Bedrohung ihres Lebens und ihres Volkes lässt Esther innerlich reifen und wachsen. Sie stellt sich der Herausforderung – jetzt ist sie die Aktive, und für einen Moment scheinen die Rollen vertauscht:

»*Und Mordokai ging hin* ***und tat nach allem, was Esther ihm geboten hatte***« (Est 4,17).

• Esthers Verwandlung von einem Leben aus »zweiter Hand« zu einem Leben aus »erster Hand« setzt sich fort:

»*Da sprach der König: Bringt Haman unverzüglich her,* ***damit wir tun, was Esther gesagt hat****. Und der König und Haman kamen zu dem Mahl, das Esther bereitet hatte*« (Est 5,5).

• Und das Erstaunen setzt sich fort! Esther zeigt im Gespräch mit dem König eine beeindruckende Mischung aus Klugheit, Souveränität, Deutlichkeit und Demut:

»*Und der König und Haman kamen zum Gelage bei der Königin Esther. Und der König sprach zu Esther auch am zweiten Tag beim Weingelage: Was ist deine Bitte, Königin Esther? Und sie soll dir gewährt werden. Und was ist dein Begehr? Bis zur Hälfte des Königreichs, und es soll geschehen. Da antwortete die Königin Esther und sprach: Wenn ich Gnade gefunden habe in deinen Augen, o König, und wenn es der König für gut hält, so möge mir mein Leben geschenkt werden auf meine Bitte hin, und mein Volk auf mein Begehren hin. Denn wir sind verkauft, ich und mein Volk, um vertilgt, ermordet und umgebracht zu werden; und wenn wir zu Knechten und Mägden verkauft worden wären, so hätte ich geschwiegen, obgleich der Bedränger nicht imstande wäre, den Schaden des Königs zu ersetzen. Da sprach der König Ahasveros und sagte zur Königin Esther: Wer ist der, und wo ist der, den sein Herz erfüllt hat, so etwas zu tun? Und Esther sprach:* ***Der Bedränger und Feind ist dieser böse Haman!*** *Da erschrak Haman vor dem König und der Königin«* (Est 7,1-6).

- *»An jenem Tag gab der König Ahasveros der Königin Esther das Haus Hamans, des Widersachers der Juden. Und Mordokai kam vor den König, denn Esther hatte ihm mitgeteilt,* ***was er ihr war****. Und der König zog seinen Siegelring ab, den er Haman weggenommen hatte, und gab ihn Mordokai.* ***Und Esther setzte Mordokai über das Haus Hamans****«* (Est 8,1-2).

- Eine mutige, weise, sehr veränderte Esther! Ein zweites Mal ist sie bereit, für ihren Gott und ihr Volk zu sterben – und steht zu dem, was ihr wichtig ist:

»Und Esther redete wieder vor dem König und fiel zu seinen Füßen nieder; und sie weinte und flehte ihn an, die Bosheit Hamans, des Agagiters, abzuwenden und seinen Plan, den er gegen die Juden ersonnen hatte. Und der König reichte Esther das goldene Zepter entgegen. Da erhob sich Esther und ***stand vor dem König*** *…«* (Est 8,3-4).

- Am Ende zeigt sich eine sehr bewegende und gesegnete, sich ergänzende Team-Arbeit:

*»**Und die Königin Esther**, die Tochter Abichails, **und Mordokai**, der Jude, schrieben mit allem Nachdruck, um diesen zweiten Brief über die Purim festzusetzen. **Und er** sandte Briefe an alle Juden, in die 127 Landschaften, das Königreich des Ahasveros, Worte des Friedens und der Wahrheit, um diese Purim-Tage in ihren bestimmten Zeiten festzusetzen, **so wie Mordokai**, der Jude, **und die Königin Esther** es ihnen festgesetzt hatten und wie **sie** es für sich selbst und für ihre Nachkommen festgesetzt hatten, nämlich die Angelegenheit der Fasten und ihrer Wehklage. Und **der Befehl Esthers** setzte diese Purim-Angelegenheit fest, und er wurde in ein Buch geschrieben«* (Est 9,29-32).

Esther hat gelernt, ein Leben aus »erster Hand« zu leben – und so können sie sich, jeder an seinem Platz und mit seinen Möglichkeiten, gegenseitig ergänzen und zum Segen ihres Volkes sein.

Esther bekam in Mordokai einen neuen »Vater«, eine neue »Familie«. Und sie bekam einen neuen Namen: Aus »*Betrübnis*« wurde ein »*Stern*«, »*Glücksstern*« – und das wurde sie für ein ganzes Volk!

Doch auch wir sollen werden wie leuchtende Sterne an Gottes Himmel:

»Und die Verständigen werden leuchten
wie der Glanz der Himmelsfeste,
und die, welche die Vielen zur Gerechtigkeit weisen,
wie die Sterne, immer und ewig.«
(Dan 12,3)

Zum Nachdenken

- Wo lagen Esthers Schwächen,
  und wie konnte sie diese überwinden?
- Sind dir deine eigenen Schwachpunkte
  und besonderen Gefährdungen bewusst?
- Wie empfindest du Gottes Gegenwart
  für dich persönlich: Ist er ein ferner Gott,
  ein »verborgener« Gott – oder einer,
  der nahe bei dir steht?
- Wie sieht es mit deinem Vertrauen aus – in Zeiten,
  in denen Gott ein »verborgener« Gott ist?

*»Die einzige Möglichkeit,
wirklich Freiheit und Frieden zu erleben,
ist, die Zügel abzugeben – alle Kontrolle
Gott zu überlassen und zu glauben,
dass wir ihm alles anvertrauen können,
was uns betrifft!«* Nancy Leigh DeMoss

Maria

Jung, arm, unbekannt und eine einzigartige Erwählung!

»Je tiefer unsere Gemeinschaft mit Gott wird,
umso mehr werden wir ihm vertrauen.
Und je mehr wir ihm vertrauen,
umso weniger brauchen wir zu verstehen.
Wenn wir das begriffen haben,
ist innerer Friede möglich.«

Ronald Dunn

Maria – von manchen auf eine erschreckende, verwerfliche Weise Gott gleichgestellt und zur Anbetung empfohlen. Von anderen in ihrem beeindruckenden Verhalten und ihrer vorbildlichen Demut und Gottesfurcht kaum wahrgenommen …

Aus Gottes Sicht die Eine, die aus allen zu jener Zeit lebenden jüdischen Jungfrauen auserwählt wurde, das unglaubliche Vorrecht zu empfangen, die Mutter des verheißenen Messias, des Sohnes Gottes, zu werden!

Das erste Mal, wo Maria – wenn auch indirekt – in der Bibel erwähnt wird, ist Jesaja 7,10-14:

»Und der HERR fuhr fort, zu Ahas zu reden, und sprach: Fordere dir ein Zeichen von dem HERRN, deinem Gott; fordere es in der Tiefe oder oben in der Höhe. Und Ahas sprach: Ich will nicht fordern und will den HERRN nicht versuchen. Da sprach er: Hört doch, Haus David! Ist es euch zu wenig, Menschen zu ermüden, dass ihr auch meinen Gott ermüdet? Darum wird der Herr selbst euch ein Zeichen geben: Siehe, die Jungfrau wird schwanger werden und einen Sohn gebären und wird seinen Namen Immanuel [d. h. Gott mit uns] nennen.«

So, wie Ahas war, sind auch wir oft! Wiederum bestätigt sich: Wenn Glauben und Gottvertrauen gefragt sind, werden wir plötzlich furchtbar bescheiden und zurückhaltend. Oftmals schieben wir sogar noch pseudo-geistliche Gründe vor. Doch unsere Rettung ist, dass Gott selbst die Initiative ergriffen hat und ein erstaunliches Zeichen gibt – und Gottes Zeichen sieht so aus:

»Siehe, die Jungfrau wird schwanger werden und einen Sohn gebären und wird seinen Namen Immanuel [d. h. Gott mit uns] nennen.«

Und dann ist die Verheißung erfüllt und das Wunder geschehen:

»Jakob aber zeugte Joseph, den Mann der Maria, von der Jesus geboren wurde, der Christus genannt wird« (Mt 1,16).

Hier ist die erste Stelle, in der Maria namentlich genannt wird – und um Missverständnisse auszuschließen, stellt Matthäus unter der Inspiration des Heiligen Geistes direkt einige Dinge klar:

Jesus wurde von einer Frau geboren, und zwar von einer Jungfrau – von Maria –, das heißt, er war wirklich und wahrhaftig

Mensch! Aber dann wird direkt anschließend die andere wichtige Tatsache genannt: »*... der Christus genannt* ***wird***« – Christus, der Gesalbte, der verheißene Messias, Gott selbst.

Und an dieser Stelle wird die Gegenwarts-Form benutzt, nicht die Vergangenheits-Form! Der da geboren wurde, **war** nicht der Christus – damals, vor 2000 Jahren –, er **ist** der Christus! Gott selbst achtet auf die richtige Zeitform, wenn es um die Ehre seines Sohnes geht!

> »*Die Geburt Jesu Christi aber war so: Als Maria, seine Mutter, mit Joseph verlobt war, fand es sich, ehe sie zusammengekommen waren, dass sie schwanger war von dem Heiligen Geist*« (Mt 1,18).

Für Joseph, Marias Verlobten, muss das zunächst eine furchtbare Katastrophe gewesen sein. Wenn man bedenkt, dass er ein Jude war, einer aus dem Volk Gottes, vertraut mit Gottes Geboten und den biblischen Traditionen des Alten Testaments, und einen so vorbildlichen Charakter hatte, wie das bei ihm der Fall war, muss es wirklich ein Schock gewesen sein.

Seine Zukunftspläne und seine Welt müssen völlig zusammengebrochen sein. Und was für eine bittere Enttäuschung seines Vertrauens zu Maria!

Vers 19 macht etwas von dem Chaos und Aufruhr in Josephs Herzen deutlich: »*Da aber Joseph, ihr Mann, gerecht war und sie nicht bloßstellen wollte, gedachte er sie heimlich zu entlassen.*«

Er war ein gestandener Mann, harte Arbeit gewohnt, aber jetzt, verständlicherweise, voller Furcht: Was für eine Blamage! Wie sollte es weitergehen? Was würden die Leute sagen? Wie beschämend war solch eine Bloßstellung ...

Doch dann greift Gott selbst ein und gibt die Lösung:

»Als er aber dies überlegte, siehe, da erschien ihm ein Engel des Herrn im Traum und sprach: Joseph, Sohn Davids, fürchte dich nicht, Maria, deine Frau, zu dir zu nehmen; denn das in ihr Gezeugte ist von dem Heiligen Geist. Sie wird aber einen Sohn gebären, und du sollst seinen Namen Jesus nennen; denn er wird sein Volk erretten von ihren Sünden« (Mt 1,20-21).

Und Joseph zeigt eine absolut vorbildliche Reaktion. Obwohl seine ganze Welt Kopf steht, kann er schlafen – im Vertrauen auf Gott. Und sein Gehorsam kommt postwendend nach dem Erwachen:

»Joseph aber, vom Schlaf erwacht, tat, wie ihm der Engel des Herrn befohlen hatte, und nahm seine Frau zu sich; und er erkannte sie nicht, bis sie ihren erstgeborenen Sohn geboren hatte; und er nannte seinen Namen Jesus.

Als aber Jesus in Bethlehem in Judäa geboren war, in den Tagen des Königs Herodes, siehe, da kamen Magier [orientalische Priester und Sternkundige] vom Morgenland nach Jerusalem und sprachen: Wo ist der König der Juden, der geboren worden ist? Denn wir haben seinen Stern im Morgenland gesehen und sind gekommen, um ihm zu huldigen« (Mt 1,24 – 2,2).

*»Und als sie [die Magier aus dem Morgenland] in das Haus gekommen waren, sahen sie **das Kind mit Maria, seiner Mutter**, und sie fielen nieder und huldigten ihm; und sie taten ihre Schätze auf und brachten ihm Gaben dar: Gold und Weihrauch und Myrrhe«* (Mt 2,11).

Maria bleibt in der geistlichen Herausforderung. Normalerweise würde man diese Szene so beschreiben: *»Und als sie in das*

Haus gekommen waren, sahen sie Maria mit dem Kind …«, oder: *»… sahen sie die Eltern mit dem Kind …«* Doch es heißt nicht: *»… die Eltern und das Kind«*, und auch nicht: *»die Mutter und das Kind«*. Es beginnt mit der interessanten Aussage, dass der Stern an dem Ort stehen blieb, *»**wo das Kind** war«* (Mt 2,9). Und diese weit gereisten, beeindruckenden Männer sehen zunächst nur dieses Kind. Alle anderen Personen werden unwichtig – auch Maria.

> *»Als sie aber hingezogen waren, **siehe**, da erscheint ein Engel des Herrn dem Joseph im Traum und spricht: Steh auf, nimm **das Kind und seine Mutter** zu dir und flieh nach Ägypten und bleibe dort, bis ich es dir sage; denn Herodes wird das Kind suchen, um es umzubringen.*
>
> *Er aber stand auf, nahm **das Kind und seine Mutter** bei Nacht zu sich und zog hin nach Ägypten«* (Mt 2,13-14).

Joseph gehorcht sofort und nimmt *»**das Kind und seine Mutter**«*. Diese beachtenswerte Formulierung steht in dem Text fünf Mal (Mt 2,11.13.14.20.21) – und es ist auffallend, wie stark diese Feststellung betont wird. Das Kind steht im Mittelpunkt der Aufmerksamkeit Gottes und dieser Menschen.

> *»Als aber Herodes gestorben war, **siehe**, da erscheint ein Engel des Herrn dem Joseph in Ägypten im Traum und spricht: Steh auf, nimm **das Kind und seine Mutter** zu dir und zieh in das Land Israel; denn die dem Kind nach dem Leben trachteten, sind gestorben. Er aber stand auf, nahm **das Kind und seine Mutter** zu sich und zog in das Land Israel«* (Mt 2,19-21).

Im Markus-Evangelium hingegen wird der vollkommene Diener vorgestellt. Bei einem Diener ist es nicht wichtig, woher er kommt und wohin er vielleicht einmal geht! Die Qualität des Dienstes zählt! So wird in diesem Evangelium nichts von der Geburt erzählt, und es gibt auch keine Stammbäume, keine Ehrbezeugungen. Es geht sofort los mit dem Dienen …

Und ausgerechnet hier offenbaren die wenigen Stellen, in denen Maria erwähnt wird (davon einmal indirekt), welch vernichtendes Urteil seine eigenen Leute, seine Angehörigen, seine Mutter Maria und seine Brüder zumindest zu jener Zeit über die Person und den Dienst Jesu hatten:

> *»Als seine Angehörigen es hörten, gingen sie aus, um ihn zu greifen; denn sie sprachen: Er ist außer sich!«*
>
> *»Es kommen seine Mutter und seine Brüder; und draußen stehend, sandten sie zu ihm und riefen ihn. Und eine Volksmenge saß um ihn herum; und sie sagen zu ihm: Siehe, deine Mutter und deine Brüder draußen suchen dich. Und er antwortete ihnen und spricht: Wer ist meine Mutter und meine Brüder? Und er blickte umher auf die um ihn her Sitzenden und spricht: Siehe da, meine Mutter und meine Brüder; denn wer irgend den Willen Gottes tut, der ist mein Bruder und meine Schwester und meine Mutter«* (Mk 3,21.31-35).

Bezeichnenderweise wird diese Situation und die im ersten Moment verwirrende Reaktion des Herrn auch in Matthäus und Lukas erwähnt.

Beachtenswert ist, was der Herr – auch in seiner Antwort in Matthäus und Lukas – hinzufügt: »*… derselbe ist mein Bruder* ***und meine Schwester*** *und meine Mutter*« (Mt 12,46-50; siehe auch Lk 8,19-21).

Wenn es um Jüngerschaft geht und um die geistliche Familie, spielen menschliche, verwandtschaftliche Bindungen keine Rolle mehr. Dann gelten Regeln aus einer anderen Welt …

Das war bestimmt eine schwere, schmerzliche und herausfordernde Lektion für Maria – ein »*Schwert durch ihre Seele*« (vgl. Lk 2,35).

An einer anderen Stelle jedoch wird das verächtliche, ärgerliche Urteil der Gegner über die Person des Herrn und seine Familie thematisiert:

> »*Ist dieser nicht der Sohn des Zimmermanns? Heißt nicht seine Mutter Maria, und seine Brüder Jakobus und Joseph und Simon und Judas? Und seine Schwestern, sind sie nicht alle bei uns? Woher hat nun dieser das alles? Und sie nahmen Anstoß an ihm. Jesus aber sprach zu ihnen: Ein Prophet ist nicht ohne Ehre, außer in seiner Vaterstadt und in seinem Haus*« (Mt 13,55-57; siehe auch Mk 6,3).

Die Vorgeschichte wird ausführlich im Lukas-Evangelium behandelt – und auch in diesem Zusammenhang ist es beachtenswert, welches Evangelium welche Schwerpunkte in Bezug auf Maria setzt:

- Im **Matthäus**-Evangelium, in dem Jesus als König und Messias vorgestellt wird, geht es um Stammbäume, Herrscher, Ehrbezeugungen usw.
- Im **Markus**-Evangelium findet sich das Zeugnis des vollkommenen Dieners – und hier wird Maria nur bei drei Begebenheiten (bei einer davon nur indirekt) erwähnt.
- **Lukas** beschreibt den Herrn als Sohn des Menschen und hat den ausführlichsten Bericht. Es geht um Menschen, Beziehungen, Gefühle usw. – aus der Sicht eines Arztes.
- Im **Johannes**-Evangelium geht es um den Sohn Gottes. Hier findet die Geburt und Kindheit des Herrn überhaupt keine Erwähnung, und als Maria das erste Mal genannt wird, ist Jesus schon

ungefähr 30 Jahre alt und hat seinen Dienst in der Öffentlichkeit begonnen. Dann wird Maria am Ende des Evangeliums noch einmal erwähnt!

Lukas nun, aus der Sicht eines Arztes, bringt den ausführlichsten Bericht:

»Im sechsten Monat aber wurde der Engel Gabriel von Gott in eine Stadt von Galiläa gesandt, mit Namen Nazareth, zu einer Jungfrau, die mit einem Mann verlobt war, mit Namen Joseph, aus dem Haus Davids; und der Name der Jungfrau war Maria.

Und er kam zu ihr herein und sprach: Sei gegrüßt, Begnadete! Der Herr ist mit dir. Sie aber wurde **über das Wort** *bestürzt und überlegte, was für ein Gruß dies sei. Und der Engel sprach zu ihr: Fürchte dich nicht, Maria, denn du hast Gnade bei Gott gefunden; und siehe, du wirst im Leib empfangen und einen Sohn gebären, und du sollst seinen Namen Jesus nennen. Dieser wird groß sein und Sohn des Höchsten genannt werden; und Gott der Herr wird ihm den Thron seines Vaters David geben; und er wird über das Haus Jakobs herrschen in Ewigkeit, und sein Reich wird kein Ende haben.*

Maria aber sprach zu dem Engel: **Wie** *kann das sein, da ich ja keinen Mann kenne? Und der Engel antwortete und sprach zu ihr: Der Heilige Geist wird auf dich kommen, und Kraft des Höchsten wird dich überschatten; darum wird auch das Heilige, das geboren [oder: gezeugt] werden wird, Sohn Gottes genannt werden. Und siehe, Elisabeth, deine Verwandte, ist auch mit einem Sohn schwanger in ihrem Alter, und dies ist der sechste Monat bei ihr, die unfruchtbar genannt war; denn bei Gott wird kein Ding unmöglich sein.*

Maria aber sprach: ***Siehe, ich bin die Magd des Herrn; mir geschehe nach deinem Wort.*** *Und der Engel schied von ihr«* (Lk 1,26-38).

In diesen Kapiteln in Lukas wird das, was in Matthäus mehr zwischen den Zeilen angedeutet wird, etwas deutlicher berichtet.

Stellt euch vor, wir stehen morgens früh in unserer Küche und räumen gerade das Frühstücks-Geschirr in die Spülmaschine. Plötzlich steht jemand mit im Raum, der aus einer anderen Welt kommt, begrüßt uns und gibt uns eine Botschaft, die unser Begriffsvermögen völlig übersteigt. Wie würden wir wohl reagieren?

Erstaunlicherweise wundert sich Maria überhaupt nicht über das Erscheinen des Engels, sondern nur über seinen Gruß und seine Worte! Die Worte machen ihr Angst, aber nicht der Engel: *»Sie aber wurde* ***über das Wort*** *bestürzt und überlegte, was für ein Gruß dies sei«* (V. 29).

Maria muss eine Frau mit einem geistlichen Leben aus »erster Hand« gewesen sein, denn offensichtlich war sie vertraut mit dem Wort Gottes und mit der unsichtbaren Welt:

Einen Engel zu sehen, war für sie nichts, was sie aus der Fassung brachte, aber die Botschaft brachte sie ins Schleudern:

*»**Wie** kann das sein, da ich ja keinen Mann kenne?«* (V. 34)!

Diese Reaktion ist die nächste Überraschung: Maria muss auch einen starken Glauben gehabt haben, denn sie zweifelt nicht daran, dass es geschehen wird, nur das *»Wie«* macht ihr Kopfzerbrechen! Und mit welcher Selbstverständlichkeit und Unbekümmertheit unterhält sie sich mit einem Engel (!) – und zwar nicht mit irgendeinem, sondern mit dem Engel Gabriel, *»der vor Gott steht«* (siehe V. 19)!

Auch hier wird deutlich, dass Glauben nicht heißt: »Schuhe und Verstand sind an der Garderobe abzugeben!«

Maria war eine Frau mit einem funktionierenden, logischen Verstand – und sie hatte Fragen! Die sie auch äußerte. Und sie bekam Antworten!

Aber dann zeigt sie eine sehr bewegende Reaktion, die viel von ihrer Gesinnung und Herzenshaltung verrät: »*Siehe, ich bin die Magd des Herrn; mir geschehe nach deinem Wort*« (V. 38).

Maria war offensichtlich eine Frau, welche die Verheißungen Gottes kannte und mit ihnen lebte. Rein theoretisch konnte jede Jungfrau in Israel (jedenfalls jede jüdische Jungfrau) mit der Möglichkeit rechnen, die Mutter des Messias zu werden. Aber in Maria war diese Hoffnung lebendig! Und immerhin waren seit den Verheißungen Jahrhunderte vergangen! Für sie war die Realität der unsichtbaren geistlichen Welt genau so nah und real wie die materielle – und wie schwer tun wir uns oft damit!

> »*Maria aber machte sich in diesen Tagen auf und ging mit Eile in das Gebirge …*« (Lk 1,39).

Laut Karte muss das eine ziemliche Strecke gewesen sein. Nazareth lag in Galiläa, und sie muss zu einem Gebirge in Juda – das war sicher kein Sonntags-Spaziergang! Aber Maria war offensichtlich aktiv, mutig und belastbar …

> »*Und es geschah, als Elisabeth den Gruß der Maria hörte, dass das Kind in ihrem Leib hüpfte; und Elisabeth wurde mit Heiligem Geist erfüllt …*« (Lk 1,41).

Elisabeth – die einzige Frau, von der gesagt wird, dass sie mit Heiligem Geist erfüllt war! Dabei gebraucht sie eine interessante Formulierung: »*Die Mutter meines Herrn (!) kommt zu mir!*« (vgl. V. 43).

Hier ist eine göttliche Bestätigung, was Marias Glauben angeht:

»Glückselig, die geglaubt hat, denn es wird zur Erfüllung kommen, was von dem Herrn zu ihr geredet ist!« (Lk 1,45).

»Und Maria sprach: Meine Seele erhebt den Herrn, und mein Geist frohlockt in Gott, meinem Heiland; denn er hat hingeblickt auf die Niedrigkeit seiner Magd; denn siehe, von nun an werden mich glückselig preisen alle Geschlechter.

Denn große Dinge hat der Mächtige an mir getan, und heilig ist sein Name; und seine Barmherzigkeit ist von Geschlecht zu Geschlecht für die, die ihn fürchten.

Er hat Macht ausgeübt mit seinem Arm; er hat die zerstreut, die in der Gesinnung ihres Herzens hochmütig sind.

Er hat Mächtige von Thronen hinabgestoßen und Niedrige erhöht.

Hungrige hat er mit guten Gaben erfüllt und Reiche leer fortgeschickt.

Er hat sich Israels, seines Knechtes, angenommen, um seiner Barmherzigkeit zu gedenken (wie er zu unseren Vätern geredet hat) gegenüber Abraham und seiner Nachkommenschaft in Ewigkeit.

Maria aber blieb ungefähr drei Monate bei ihr; und sie kehrte in ihr Haus zurück« (Lk 1,46-56).

Wiederum zeigt sich etwas von Marias beeindruckendem Glauben und Charakter! Man muss sich das einmal vorstellen:

Sie hat »Besuch« von dem Engel Gabriel und ein Gespräch mit ihm gehabt. Sie weiß, dass sie unter vielen Tausenden von Frauen auserwählt ist, den Messias gebären zu dürfen. Sie ist schwanger und muss mit der unfassbaren Tatsache leben lernen, dass Gott der Ewige, Allmächtige, Erhabene der Vater dieses Kindes ist und sie damit Gott selber in sich trägt. Sie ist *»die Gesegnete«* unter allen Frauen, unter allen Menschen!

Wie würden wir damit umgehen?

Würden wir uns weit erhaben fühlen über den Rest der Welt?

Würde unser Stolz sprießen wie eine Wunderblume?

Würden wir uns furchtbar wichtig vorkommen?

Maria ist so vorbildlich anders! Sie nimmt sich selbst nicht wichtig! Sie staunt nicht über die Höhe, in die sie erhoben ist – Maria staunt über ihren Gott!

»Meine Seele erhebt den Herrn, und mein Geist frohlockt in Gott, meinem Heiland …« (Lk 1,46-47).

Wer Gott vertraut,
der wird vertraut mit ihm!

Kurt Scherer

Es ist wirklich erstaunlich, was diese junge, arme, jüdische Frau über Gott weiß – vielleicht kannte sie die vorhandenen Schriften des Alten Testaments so gut, dass sie von Hannas Lobgesang in 1. Samuel 2 inspiriert wurde:

- Er ist Herr (V. 47).
- Gott ist mein Heiland (V. 47).
- Er schaut uns an (V. 48).
- Der Mächtige tut große Dinge (V. 49).
- Sein Name ist heilig (V. 49).
- Er ist barmherzig (V. 50).
- Er hat Macht (V. 51).
- Er ist eine Person (denn er hat einen »Arm« – V. 51).
- Er zerstreut die Hochmütigen (V. 51).
- Er stößt Mächtige vom Thron (V. 52).

- Er erhöht Niedrige (V. 52).
- Hungrige macht er satt (V. 53).
- Reiche schickt er leer fort (V. 53).
- Er nimmt sich seines Knechtes Israel an (V. 54).
- Und er erfüllt seine Verheißungen (V. 55).

Wenn man diese Verse liest, dann kann man etwas mehr erahnen, warum Gott gerade Maria ausgesucht hat. Wie beeindruckt war sie von ihrem Gott, wie begeistert!

Und sie war eine Frau, der es genug war, die Anerkennung Gottes zu haben. Auch darin ist sie ein großes Vorbild.

Sie hängt die Sache nicht an »die große Glocke«, macht keine »Publicity« – prahlt nicht mit ihrer Auserwählung, gibt nicht damit an, braucht nicht den Ruhm der Menschen.

Stattdessen ist ihr etwas entscheidend Wichtiges bewusst: Sie braucht einen Heiland! Sie muss errettet werden: »*Gott ist **mein Heiland***«!

Wie sieht es da mit uns aus? Haben wir gelernt, mit Gott allein glücklich zu sein? Reicht es uns, wenn wir seine Anerkennung haben? Und wenn Gott uns segnet oder gebraucht – bleiben wir dann demütig und bescheiden?

Maria bleibt drei Monate in der Einsamkeit des Gebirges bei Elisabeth – und ehrlich gesagt würde ich so gerne ihren Gesprächen gelauscht haben!

> »*Es geschah aber in jenen Tagen, dass eine Verordnung vom Kaiser Augustus ausging, den ganzen Erdkreis einzuschreiben. Die Einschreibung selbst geschah als erste, als Kyrenius Statthalter von Syrien war. Und alle gingen hin, um sich einschreiben zu lassen, jeder in seine Stadt. Es ging aber auch Joseph von Galiläa aus der Stadt Nazareth*

hinauf nach Judäa in die Stadt Davids, die Bethlehem heißt, weil er aus dem Haus und der Familie Davids war, um sich einschreiben zu lassen mit Maria, seiner Verlobten, die schwanger war. Es geschah aber, als sie dort waren, dass die Tage erfüllt wurden, dass sie gebären sollte; und sie gebar ihren erstgeborenen Sohn und wickelte ihn in Windeln und legte ihn in eine Krippe, weil in der Herberge kein Raum für sie war« (Lk 2,1-7).

Wie mag es Maria in all diesen existenziellen Herausforderungen ergangen sein? Wurde sie von etlichen aus ihrem Umfeld verachtet, angeklagt, schuldig gesprochen?

Wie wird sie sich gefühlt haben – mit dieser außergewöhnlichen Schwangerschaft, und das beim ersten Kind?

Dann der Aufbruch zu einer langen, mühsamen und sicher auch beschwerlichen Reise nach Bethlehem – und das hochschwanger! Ohne irgendjemanden, der sie willkommen heißen würde … Alleingelassen von den Menschen, abgewiesen an jeder Tür, an der sie um Einlass baten …

In alldem ordnet sich Maria ganz selbstverständlich ihrem Mann unter, obwohl sie die Mutter des Messias war. Sie trumpft nicht auf, missbraucht ihren Status nicht für Machtspielchen, nutzt ihn nicht aus, um Josephs Autorität auszuhebeln oder zu untergraben. Sie ist eine demütige Frau, und sie ist anspruchslos, anpassungsfähig und flexibel. Als das Elend sich zuspitzt und sie zur Geburt in einem stinkenden, dreckigen, wahrscheinlich kalten Stall oder einer Höhle landen, macht sie das Beste aus der Situation und benutzt die Futterkrippe als Wiege!

Und dann kommt auch noch Besuch! Aber zum Glück nur Hirten – die wahrscheinlich auch nicht besser rochen! Doch wenn ihnen auch der Geruch von Schafen, Schmutz und Feuer anhaftete

– in ihren Herzen war Staunen und Begeisterung, und sie konnten nicht schweigen, wie es in Lukas 2,17 zu lesen ist.

»Maria ***aber*** *bewahrte alle diese Worte und erwog sie in ihrem Herzen«* (Lk 2,19).

Wieder dieses von Gott gewirkte **Aber** – gleichsam im Gegensatz zu allen anderen, die vielleicht auch für einen Moment aufgewühlt und angesprochen waren, aber dann doch zur normalen Tagesordnung zurückkehrten. Maria bewahrte alle diese Worte in ihrem Herzen! Sie bewahrte, erwog und lebte damit!

»Und siehe, in Jerusalem war ein Mensch, mit Namen Simeon; und dieser Mensch war gerecht und gottesfürchtig und wartete auf den Trost Israels; und der Heilige Geist war auf ihm. Und von dem Heiligen Geist war ihm ein göttlicher Ausspruch zuteilgeworden, dass er den Tod nicht sehen solle, ehe er den Christus des Herrn gesehen habe. Und er kam durch den Geist in den Tempel. Und als die Eltern das Kind Jesus hereinbrachten, um mit ihm nach der Gewohnheit des Gesetzes zu tun, da nahm auch er es auf die Arme und lobte Gott und sprach: Nun, Herr, entlässt du deinen Knecht, nach deinem Wort, in Frieden; denn meine Augen haben dein Heil gesehen, das du bereitet hast vor dem Angesicht aller Völker: ein Licht zur Offenbarung für die Nationen und zur Herrlichkeit deines Volkes Israel. Und sein Vater und seine Mutter verwunderten sich über das, was über ihn geredet wurde« (Lk 2,25-33).

Die Eltern kommen gemeinsam, sie wundern sich gemeinsam, sie werden gemeinsam gesegnet – aber dann spricht Simeon, durch den Geist Gottes geleitet, Maria persönlich an:

»Und Simeon segnete sie und ***sprach zu Maria, seiner Mutter:*** *Siehe, dieser ist gesetzt zum Fall und Aufstehen vieler in Israel und zu einem Zeichen, dem widersprochen wird –* ***aber auch deine eigene Seele wird ein Schwert durchdringen*** *–, damit* ***die Überlegungen vieler Herzen offenbar werden*** *«* (Lk 2,34-35).

Das erinnert an Hebräer 4,12-13:

»Denn das Wort Gottes ist lebendig und wirksam und schärfer als jedes zweischneidige Schwert und durchdringend bis zur Scheidung von Seele und Geist, sowohl der Gelenke als auch des Markes, und ein Beurteiler [oder: Richter] der Gedanken und Überlegungen des Herzens; und kein Geschöpf ist vor ihm unsichtbar, sondern alles ist bloß und aufgedeckt vor den Augen dessen, mit dem wir es zu tun haben.«

Maria war offensichtlich auch keine ängstliche oder überbesorgte Mutter – sie konnte loslassen! Einem Zwölfjährigen traute sie ohne Weiteres zu, einen ganzen Tag alleine klarzukommen.

Erst als er am Abend nicht auftauchte, machte sie sich Sorgen:

»Und seine Eltern gingen alljährlich am Passahfest nach Jerusalem. Und als er zwölf Jahre alt war und sie nach der Gewohnheit des Festes hinaufgingen und die Tage vollendet hatten, blieb bei ihrer Rückkehr der Knabe Jesus in Jerusalem zurück; und seine Eltern wussten es nicht. Da sie aber meinten, er sei unter der Reisegesellschaft, kamen sie eine Tagereise weit und suchten ihn unter den Verwandten und den Bekannten; und als sie ihn nicht fanden, kehrten sie nach Jerusalem zurück und suchten ihn. Und es geschah nach drei Tagen, dass sie ihn im Tempel fanden, wie er in-

mitten der Lehrer saß und ihnen zuhörte und sie befragte. Alle aber, die ihn hörten, gerieten außer sich über sein Verständnis und seine Antworten. Und als sie ihn sahen, erstaunten sie sehr; und seine Mutter sprach zu ihm: Kind, warum hast du uns das angetan? Siehe, dein Vater und ich haben dich mit Schmerzen gesucht. Und er sprach zu ihnen: Warum habt ihr mich gesucht? Wusstet ihr nicht, dass ich in dem sein muss, was meines Vaters ist? Und sie verstanden das Wort nicht, das er zu ihnen redete. Und er ging mit ihnen hinab und kam nach Nazareth, und er war ihnen untertan. ***Und seine Mutter bewahrte alle diese Worte in ihrem Herzen*«** (Lk 2,41-51).

Stellt euch vor, ihr seid auf einer Gemeinde-Wanderfreizeit, und am Abend stellt ihr fest, dass euer Kind beim letzten Stopp zurückgeblieben ist. Ihr geht einen ganzen Tag lang zurück und sucht dann drei Tage lang in einer weitgehend fremden, großen übervölkerten Stadt nach eurem Kind. Und dann, nach drei Tagen, findet ihr es ohne jedes Schuldgefühl an einem Ort, an dem ihr es überhaupt nicht erwartet hättet.

Ich würde ziemlich sicher voller Vorwürfe und schockiert sein, anklagen, schimpfen!

Aber Maria ist erstaunt und schreit nicht, sondern spricht. Sie redet zwar über ihre Gefühle, ihre Sorge, ihren Schmerz und ihre Angst, aber auf was für eine Weise …!

Wie oft ist es schwer, das Richtige auch im richtigen Ton zu sagen – Gefühle zu äußern, sie aber nicht als »Waffe« zu benutzen!

Hier ist ein gutes Vorbild. Und wie erstaunlich ist die Antwort des Zwölfjährigen:

»Und er sprach zu ihnen: Warum habt ihr mich gesucht? Wusstet ihr nicht, dass ich in dem sein muss, was meines

Vaters ist? Und sie verstanden das Wort nicht, das er zu ihnen redete« (Lk 2,49-50).

Noch einmal wird anschließend betont:

»Und seine Mutter bewahrte alle diese Worte in ihrem Herzen« (Lk 2,51).

Dass es so war, wird dann auch im Johannes-Evangelium noch einmal deutlich:

»Und am dritten Tag war eine Hochzeit in Kana in Galiläa; und die Mutter Jesu war dort. Es war aber auch Jesus mit seinen Jüngern zu der Hochzeit geladen. Und als es an Wein mangelte, spricht die Mutter Jesu zu ihm: Sie haben keinen Wein. Und Jesus spricht zu ihr: Was habe ich mit dir zu schaffen, Frau? Meine Stunde ist noch nicht gekommen. Seine Mutter spricht zu den Dienern: Was irgend er euch sagen mag, tut!

Es waren aber sechs steinerne Wasserkrüge dort aufgestellt, nach der Reinigungssitte der Juden, wovon jeder zwei oder drei Maß fasste. Jesus spricht zu ihnen: Füllt die Wasserkrüge mit Wasser! Und sie füllten sie bis obenan. Und er spricht zu ihnen: Schöpft nun und bringt es dem Speisemeister! Sie aber brachten es. Als aber der Speisemeister das Wasser gekostet hatte, das Wein geworden war (und er wusste nicht, woher er war, die Diener aber, die das Wasser geschöpft hatten, wussten es), ruft der Speisemeister den Bräutigam und spricht zu ihm: Jeder Mensch setzt zuerst den guten Wein vor, und wenn sie betrunken geworden sind, den geringeren; du hast den guten Wein bis jetzt aufbewahrt.

Diesen Anfang der Zeichen machte Jesus in Kana in Galiläa und offenbarte seine Herrlichkeit; und seine Jünger glaubten an ihn. Danach ging er hinab nach Kapernaum, er und seine Mutter und seine Brüder und seine Jünger; und dort blieben sie nicht viele Tage« (Joh 2,1-12).

Das erste Kapitel des Johannes-Evangeliums endet mit den Worten:

»Weil ich dir sagte: Ich sah dich unter dem Feigenbaum, glaubst du? Du wirst Größeres als dieses sehen ... Wahrlich, wahrlich, ich sage euch: Ihr werdet den Himmel geöffnet sehen und die Engel Gottes auf- und niedersteigen auf den Sohn des Menschen« (Joh 1,50-51).

Und dann beginnt Kapitel 2 mit der Hochzeit in Kana.

Der Text fängt irgendwie ungewöhnlich an. Als Erstes wird die Anwesenheit der Mutter Jesu erwähnt – als Gast war sie offensichtlich wichtiger geachtet als Jesus und seine Jünger. Doch dann tritt ein sehr peinliches Problem auf: eine Hochzeit – eine orientalische Hochzeit – ohne Wein!

Maria reagiert wie eine typische Mutter und wie eine typische Frau: Es gibt ein Problem, und sie versucht es zu managen und den ihrer Meinung nach Zuständigen darauf aufmerksam zu machen.

Aber was sonst oft funktioniert, klappt hier nicht. Denn der, den sie da zu etwas drängen will, ist zwar ihr Sohn, aber in diesem Zusammenhang geht es um einen geöffneten Himmel, um eine Offenbarung der Herrlichkeit Gottes und um die göttliche Legitimation Jesu. Maria bekommt eine deutliche Rüge! Aber sie wäre nicht Maria, wenn sie anders reagieren würde:

Sie ist nicht beleidigt – nicht gekränkt!

Sie fühlt sich nicht verletzt oder angegriffen!

Sie sagt nicht: *»Dann seht zu, wie ihr alleine klarkommt.«*

Sie rechtfertigt sich auch nicht: »*Ich wollte doch nur helfen!*«
Sie sagt nicht: »*Ja, aber ... !*«

Maria lässt sich korrigieren – sie begreift sofort, und sie reagiert auch sofort entsprechend:

»*Seine Mutter spricht zu den Dienern:* ***Was irgend er euch sagen mag, tut!***« (Joh 2,5).

»*Danach ging er hinab nach Kapernaum,* ***er und seine Mutter*** *und seine Brüder und seine Jünger; und dort blieben sie nicht viele Tage*« (Joh 2,12).

Auch im Nachhinein bleibt keine Bitterkeit oder dergleichen zurück – gemeinsam gehen sie nach Kapernaum: »*... er und seine Mutter ...*«

Dann kommt die letzte Stelle in den Evangelien, in der Maria erwähnt wird:

»*Bei dem Kreuz Jesu standen aber seine Mutter und die Schwester seiner Mutter, Maria, die Frau des Kleopas, und Maria Magdalene. Als nun Jesus die Mutter sah und den Jünger, den er liebte, dabeistehen, spricht er zu seiner Mutter: Frau, siehe, dein Sohn! Dann spricht er zu dem Jünger: Siehe, deine Mutter! Und von jener Stunde an nahm der Jünger sie zu sich*« (Joh 19,25-27).

Diese Szene ist unglaublich ergreifend. Wenn man diese Kapitel im Zusammenhang liest, sieht man, dass bei all den inneren und äußeren unmenschlichen, grausamen Qualen und Martern, die Jesus am Kreuz erleidet, sein Blick auf seine Mutter gerichtet ist – mit allen Gefühlen, Ängsten und Sorgen ist sie vor ihm wie ein aufgeschlagenes Buch.

Spätestens jetzt wird wahr, was Simeon ihr einst prophezeit hatte: »*... aber auch deine eigene Seele wird ein Schwert durchdringen ...*« und: »*... damit die Überlegungen vieler Herzen offenbar werden ...*« (Lk 2,35).

Aber Maria ist da, beim Kreuz, bei Jesus und bei dem einen von seinen Jüngern, der übrig geblieben ist. Jetzt wird Jesus sie verlassen – aber sie bekommt einen »Ersatz«, sie darf wieder Mutter sein.

In der alten Elberfelder Übersetzung wird zu Vers 27 angemerkt:

»*Von jener Stunde an nahm der Jünger sie in das Seinige.*« Das erinnert an Johannes 1,11: »*Er kam in das Seine, und die Seinen nahmen ihn nicht an.*«

Jesus hängt am Kreuz, verstoßen, verlassen, nicht angenommen von den Seinigen – aber was er selbst nicht bekam, will er für seine Mutter. Sie soll angenommen sein, versorgt – und ausgerechnet jener Jünger, der seine Liebe und Gemeinschaft am meisten geschätzt und genossen hat, nimmt Maria nach Anweisung seines Herrn »*in das Seinige*«!

Das Letzte, was von Maria berichtet wird, hat seine eigene Botschaft:

> »*Dann kehrten sie nach Jerusalem zurück von dem Berg, der Ölberg heißt, der nahe bei Jerusalem ist, einen Sabbatweg entfernt. Und als sie hineingegangen waren, stiegen sie in den Obersaal hinauf, wo sie blieben [oder: sich aufzuhalten pflegten]: sowohl Petrus als Johannes und Jakobus und Andreas, Philippus und Thomas, Bartholomäus und Matthäus, Jakobus, der Sohn des Alphäus, und Simon, der Eiferer, und Judas, der Bruder des Jakobus. Diese alle verharrten einmütig im Gebet mit einigen Frauen und Maria, der Mutter Jesu, und seinen Brüdern*« (Apg 1,12-14).

Wenn Maria auch verständlicherweise gelegentlich mit den mehrfachen menschlichen und geistlichen Herausforderungen Probleme hatte, machten aber spätestens die Stunden unter dem Kreuz alles klar, beseitigten alle Unsicherheiten, rückten alles an den richtigen Platz! Das wird in Apostelgeschichte 1,14 deutlich:

Maria gewinnt ihre Identität nicht mehr als Mutter des Herrn. Sie ist eine unter Vielen, eine Schwester unter Schwestern, eine Gläubige unter Gläubigen, eine Beterin unter Betern.

Aber wiederum ist sie da, an »vorderster Front«, in Gemeinschaft mit denen, die erkannt haben, dass Jesus der Sohn Gottes ist – und die ihn als ihren Heiland-Gott anrufen und anbeten!

Zum Nachdenken

- Wie reagierst du auf Ermahnungen des Herrn – vielleicht auch durch den Mund von Menschen?
- Wie real ist für dich die unsichtbare Welt – und die Existenz der Engel?
- Wenn Gott zu dir redet oder sich offenbart – wie lange kannst du es vor dem Vergessen retten?
- Bist du da, wo Gläubige sich zum Gebet treffen?
- Ist die Gemeinschaft mit Gläubigen Last oder Lust?

Das Gebet verändert Gott nicht,
aber es verändert den, der betet!

SØREN KIERKEGAARD

Priszilla

Eine aus einem unschlagbaren Team …

»Zwei sind besser daran als einer …
und eine dreifache Schnur zerreißt nicht so schnell.«
PREDIGER 4,9+12

Ein zorniger Kaiser in Rom, der seine Macht benutzt, um eine Art »ethnische Säuberung« durchzuführen und alle Juden aus Rom zu verbannen – und der Beginn eines erstaunlichen Berichtes über Zwei, die zu den Betroffenen gehören …

Ein finsterer Herrscher, der blutige Geschichte schreibt – und der Herr der Geschichte, der alle Macht hat, um daraus eine Geschichte zu seiner Ehre werden zu lassen …

Eine Geschichte, die mit *»einem* ***gewissen*** *Juden«* beginnt – und mit seiner Frau:

»Danach schied er [Paulus] von Athen und kam nach Korinth. Und als er einen gewissen Juden fand, mit Namen Aquila, aus Pontus gebürtig, der kürzlich aus Italien gekommen war, und Priszilla, seine Frau (weil Klaudius be-

fohlen hatte, dass alle Juden sich aus Rom entfernen sollten), ging er zu ihnen, und weil er gleichen Handwerks war, blieb er bei ihnen und arbeitete; denn sie waren Zeltmacher von Beruf« (Apg 18,1-3).

Ein langer Satz mit vielen Informationen …

Paulus kommt nach Korinth und findet einen gewissen Juden. Es wird nicht ganz klar, ob er ihn – vielleicht aufgrund von Informationen – gesucht und dann gefunden hat, oder ob er ihn ungesucht fand. Der Hinweis *»ein gewisser Jude«* macht neben allem, was dieser Zusatz sonst noch bedeuten kann, jedenfalls deutlich, dass dieser Mann mit seiner Frau einen festen Platz in Gottes Plänen hatte.

Es wird auch deutlich, dass Aquila und Priszilla Rom nicht freiwillig verlassen hatten, sondern ausgewiesen wurden.

Bemerkenswert ist auch, dass von beiden gesagt wird, dass sie von Paulus gefunden wurden: *»Und als er einen gewissen Juden fand … und Priszilla, seine Frau …«*

Verbunden durch das gleiche Handwerk, schließt Paulus sich ihnen an. Obwohl Aquila und Priszilla erst kürzlich eine Ausweisung und eine lange, sicher nicht angenehme und einfache Reise hinter sich haben, »lecken sie nicht ihre Wunden«, sondern sind schon wieder fleißig an der Arbeit.

Und außergewöhnlich ist auch, dass beide den gleichen Beruf haben …

Doch in dieser Begegnung, in diesem »Finden« lag auch der Beginn einer beeindruckenden und vorbildlichen Freundschaft – die einerseits geprägt war von einer engen Gemeinschaft, von Wertschätzung und Vertrautheit, die andererseits aber auch völlige Freiheit und Spontanität zuließ, um vor dem Herrn zu stehen und seinen Weisungen zu folgen, auch wenn sie das in verschiedene Richtungen und zu unterschiedlichen Schwerpunkten führte.

Aber es gab eben auch gemeinsame Aufbrüche:

> »*Nachdem aber Paulus noch viele Tage dageblieben war, nahm er Abschied von den Brüdern und segelte nach Syrien ab, und mit ihm Priszilla und Aquila, nachdem er in Kenchreä das Haupt geschoren hatte, denn er hatte ein Gelübde. Sie kamen aber nach Ephesus, und er ließ jene dort; er selbst aber ging in die Synagoge und unterredete sich mit den Juden*« (Apg 18,18-19).

Und während Aquila und Priszilla in Ephesus bleiben, gibt es wieder eine interessante Begegnung – und wiederum mit einem »gewissen« Juden (dreimal wird dieser Zusatz in diesem Kapitel jemandem verliehen):

> »*Ein gewisser Jude aber, mit Namen Apollos, aus Alexandrien gebürtig, ein beredter Mann, der mächtig war in den Schriften, kam nach Ephesus. Dieser war in dem Wege des Herrn unterwiesen, und, brünstig [oder: brennend] im Geist, redete und lehrte er sorgfältig die Dinge von Jesu, wiewohl er nur die Taufe Johannes' kannte. Und dieser fing an, freimütig in der Synagoge zu reden. Als aber Aquila und Priscilla ihn hörten, nahmen sie ihn zu sich und legten ihm den Weg Gottes genauer aus*« (Apg 18,24-26; nach der unrevidierten Elberfelder 1905).

Wenn man die Beschreibung von diesem Apollos liest, fühlt man sich fast erschlagen von den vielen »Superlativen«! Er kommt aus Alexandrien, ist ein beredter Mann, mächtig in den Schriften, im Weg des Herrn unterwiesen, brennend im Geist, er redet und lehrt sorgfältig die Dinge von Jesus, redet auch freimütig zu den in der Synagoge befindlichen Juden …

Ist er also ein Mann, der schon fast einen Status der Vollkommenheit erreicht hat? Einer, dem jedermann als Lernender zu Füßen sitzen sollte? Einer, der weit über allen anderen steht?

Was für Menschen müssen Aquila und Priszilla gewesen sein, dass sie alle diese positiven, wertvollen Eigenschaften erkennen und anerkennen konnten – und dennoch aus einer guten Gesinnung und Motivation heraus ein Gespür dafür hatten, wo es dennoch fehlte! Wo Apollos Hilfe gebrauchen konnte … Wo er noch brauchbarer werden konnte für Gott …

Sie waren ein Ehepaar mit »Hirten-Herzen«, mit einer »sehenden« Liebe, einer geheiligten Menschenkenntnis und einer von Gott geschenkten Weisheit. Mit einer beeindruckenden Einigkeit in ihrer Beurteilung und mit der Bereitschaft und Befähigung zu helfen – ein tolles Team! Von solchen Menschen lässt man sich gerne *»den Weg Gottes genauer auslegen …«*

So, wie Gott bei der Schöpfung aus einem zwei gemacht hat, macht er bei der Ehe aus zweien eins!

Thomas Adams

Und sie beurteilen nicht nur in einer bemerkenswerten Einigkeit – sie reagieren auch so! Sie übernehmen Verantwortung, lassen der Erkenntnis Taten folgen: *»Als aber Aquila und Priscilla ihn hörten, nahmen sie ihn zu sich und legten ihm den Weg Gottes genauer aus«* (Apg 18,26; nach der unrevidierten Elberfelder 1905).

»Den Weg Gottes«, in dem Apollos schon unterwiesen wurde und in dem doch noch mehr Unterweisung und Auslegung nötig und nützlich war: die christliche Taufe, die Fundamente des

Glaubens, wichtige Details, der »*Weg Gottes*« angesichts falscher Wege, Erkenntnisse aus dem Segen und den Erfahrungen eines Lebens – bewährt im gemeinsamen Dienst für Gott.

Um den »*Weg Gottes*« genauer auslegen zu können, muss man ihn gut kennen, muss man sich intensiv mit ihm beschäftigt haben, muss man wissen, was »*der Weg Gottes*« ist – und was er nicht ist …

Und Apollos hört zu, nimmt auf und lernt – mit offensichtlich gesegnetem Ergebnis: »*Dieser [Apollos] war, als er hinkam, den Glaubenden durch die Gnade sehr behilflich …*« (Apg 18,27) – indem er die Fundamente des Glaubens »*bewies*« und verteidigte: das Zeugnis der biblischen Schriften und dass Jesus der Christus ist – an den es zu glauben gilt.

Apollos hat wirksame Hilfe bekommen – durch dieses vorbildliche Ehepaar –, und anschließend kann er anderen sehr behilflich sein …

Lange und viele Kapitel hört man nichts mehr von Priszilla und Aquila – aber dann kommt Römer 16,3-5:

> »*Grüßt Priska und Aquila, meine Mitarbeiter in Christus Jesus (die für mein Leben ihren eigenen Hals preisgegeben haben, denen nicht allein ich danke, sondern auch alle Versammlungen der Nationen) und die Versammlung in ihrem Haus.*«

Was für ein Zeugnis! Wie viel Wertschätzung und Wärme liegt in diesem Gruß! Eine Freundschaft, in der Treue bis zum Tod gelebt wurde! Und eine Liebe, die bereit war, für die Brüder – den Bruder – das Leben darzulegen! Gemeinsame Kämpfer im Werk des Herrn!

Mit einem Einsatz, der ihnen die Dankbarkeit **aller** Versammlungen der Nationen brachte!

Wärme, Wertschätzung, echtes Interesse und spürbare Liebe finden wir auch im Gruß der beiden an die Korinther:

> *»Es grüßen euch vielmals im Herrn Aquila und Priszilla samt der Versammlung in ihrem Haus«* (1Kor 16,19).

Und dann die letzte Erwähnung in 2. Timotheus 4,19: *»Grüße Priska und Aquila und das Haus des Onesiphorus.«*

Paulus ist am Ende seiner Laufbahn angekommen. Er hat den guten Kampf gekämpft. Aber die Kräfte sind verbraucht. Das Leben und auch die Worte reduzieren sich auf das Nötigste. Doch die alten Freunde und Mitkämpfer sind nicht vergessen und immer noch sehr wertgeschätzt: der letzte, kurze Gruß eines müden Kämpfers …

Von der einäugigen Kuhmagd Anna-Helene in Herrnhut berichtet Graf Nikolaus von Zinzendorf, dass jemand schon für bekehrt gehalten wurde, wenn er nur ihr Haus betrat – wegen ihrer außergewöhnlichen Befähigung, Menschen für den Herrn Jesus zu gewinnen …

Bei Priszilla und Aquila kann man sich kaum des Eindrucks erwehren, dass da, wo sie auftauchten, in absehbarer Zeit eine Versammlung entstanden sein würde: *»… und die Versammlung in ihrem Haus …«* (Röm 16,5; siehe auch 1Kor 16,19).

Faszinierend ist auch die verborgene Botschaft der Namen – und ihrer Reihenfolge:

Es beginnt mit *»ihm«* – aber beide werden gleichermaßen gefunden. Wann immer in diesem Zusammenhang Lukas »das Sprachrohr« des Paulus ist (also in der Apostelgeschichte), verwendet er bei ihr die Form des Namens, die nach Arnold Fruchtenbaum auf eine vertraute, freundschaftliche Beziehung hinweist: »*Priszilla*«. Diese vertraute Form wird auch dort gebraucht, wo Aquila und Priszilla selbst die Grüßenden sind und dabei ihr »Herz« reden lassen – in 1. Korinther 16,19.

»*Priska*« – die offizielle Form ihres Namens – wird dann verwendet, wenn sie in einem offiziellen Brief erwähnt wird, wie in Römer 16,3 und 2. Timotheus 4,19. Auch das ist nach Arnold Fruchtenbaum ein Zeichen von Respekt und Wertschätzung, um keine ungebührlichen Gedanken aufkommen zu lassen.

Aber auch die Reihenfolge der Namens-Nennung ist bemerkenswert: Bei der ersten Erwähnung wird Aquila – dessen Name übersetzt »*Adler*« bedeutet – als »Haupt« zuerst erwähnt. Wenn Paulus von der Reise nach Syrien berichtet, lässt er als Gentleman Priszilla den Vortritt. »*Priszilla*« heißt übersetzt »*die Ehrwürdige*« oder »*die treue Alte*«. Bei der Begegnung mit Apollos agieren sie zwar gemeinsam, aber es geht auch um geistliche Verantwortung in entscheidenden Fragen und Themen, es geht auch um die Fundamente des Glaubens – und wie zu erwarten, wird hier Aquila zuerst genannt. Wo Paulus Briefe an eine Versammlung oder einen Bruder schreibt, zeigt er Respekt und Wertschätzung sowohl darin, dass er Priszilla zuerst nennt, als auch (wegen des offiziellen Charakters dieser Schreiben) darin, dass er sie mit ihrem offiziellen Namen »*Priska*« nennt …

Und dann behaupte noch jemand, Paulus sei ein Frauen-Feind!!!

Wenn man all das, was von diesem bemerkenswerten Ehepaar berichtet wird, auf sich wirken lässt, bekommt man den Eindruck: Priszilla und Aquila bekommt man nur im »Doppelpack«! In allen sechs Stellen werden sie beide genannt. Sie leben das »Reißverschluss-Prinzip«: unzertrennlich, eine perfekte Ergänzung – nach dem Motto: »Gemeinsam sind wir stark!« Genau das, was Gott von Anfang an gewollt hat: Hilfe, Ergänzung, Entsprechung, aus

»zwei« mach »eins«. Oder: Dreh eine *»dreifache Schnur«*, die *»nicht so bald zerreißt«*!

Zwei, die zusammengeschweißt sind im Dienst vor, für und mit dem Herrn – und die dabei doch die göttlichen Regeln für Unterordnung nicht verletzen ... Zwei, die eine beeindruckend gute Spur, eine Spur des Segens hinterlassen haben ... Zwei in unermüdlichem Einsatz für ihren Gott und für sein Werk ... Zwei aus einem »unschlagbaren Team« ...

Zum Nachdenken

- Wie reagierst du, wenn Gott Unerwartetes, Hindernisse, Nöte oder Schwierigkeiten in deinem Leben zulässt, die deine Pläne und Wünsche »auf den Kopf stellen«?
- Wie bewertest du deine eigene Bereitschaft, Gott entsprechend seiner Führung und deiner Begabung zu dienen?
- Kennst du Ehepaare oder Freundschaften, die dich an Priszilla und Aquila erinnern?
- Was wäre dir eine solche Beziehung wert?
- Wenn du in die Situation kommen würdest, einem »Apollos« helfen zu können, wärest du in der Lage, ihm den »Weg Gottes« genauer auszulegen?

Zwischen Mensch und Mensch ist es das Höchste, Helfender zu sein!

Søren Kierkegaard

Ein Dank zum Schluss

Dieses Buch
war eine lange und schwierige »Geburt«!
Dass es am Ende doch noch fertig wurde,
ist nach der Gnade und Hilfe unseres barmherzigen Gottes
der liebevollen Hartnäckigkeit und Unterstützung meines
Mannes und der vorbildlichen Bereitschaft
einer wertvollen Schwester geschuldet,
die sich durch meine vielen und manchmal
schwer entzifferbaren Korrektur-Wünsche
zu kämpfen gewagt hat.
Danke!!!

NANCY LEIGH DEMOSS

Lügen, die wir Frauen glauben

256 Seiten,
Hardcover

ISBN 978-3-86699-211-5

Uns Frauen geht es oft wie Eva. Wir alle erleben Niederlagen und Versagen, Sorgen und Aufregungen. Wir alle kennen Selbstsucht, Gereiztheit, Wut, Neid und Bitterkeit. Aber wie gern wollten wir noch einmal neu anfangen und in Frieden und Harmonie leben!

In ihrem Buch stellt Nancy Leigh DeMoss dar, in welchen Bereichen Christinnen dem Betrug am häufigsten glauben: Lügen über die eigene Person, über die Sünde, über die Ehe, über Gefühle oder die Lebensumstände.

Nancy Leigh DeMoss zeigt, wie wir von Bindungen frei werden und Gottes Gnade, Vergebung und überfließendes Leben haben können. Dieses Buch bietet die wirksamste Waffe, um die Lügen des Teufels abzuwehren und zu besiegen: Gottes Wahrheit.

Ronald Dunn

Wenn Gott schweigt

192 Seiten,
Paperback

ISBN 978-3-86699-236-8

Ronald Dunn und seine Frau wurden mit dem Schlimmsten konfrontiert, was Eltern begegnen kann: Sie verloren ihren 18-jährigen Sohn durch Selbstmord.

In der Zeit danach geriet Dunn in eine tiefe Depression. Erfrischend ehrlich und ohne fromme Klischees beschreibt Ronald Dunn seinen schmerzhaften Weg durch ein langes, dunkles Tal.

In diesem verzweifelten Ringen mit »den dunklen Seiten der Gnade« – ja, mit Gott selbst – gewinnt er am Ende keine Patent-Lösungen und -Rezepte. Aber er gewinnt eine neue Sicht von Gott selbst, der uns Leid, Schwierigkeiten und scheinbar unüberwindbare Probleme zumutet, gerade weil er es gut mit uns meint.

Ulla Bühne

Leid, Krankheit, Tod und ein liebender Gott?

Audio-CD
im Digipack

ISBN 978-3-86699-943-5

Wir leben in einer Welt voller Leid, Elend, Krankheit und Tod – umgeben von quälenden Fragen:

- Gibt es überhaupt einen Gott?
- Und wenn ja, kann er ein Gott der Liebe sein?
- Warum lässt er so viel Leid zu?
- Warum greift er nicht ein?
- Kann er nicht – oder will er nicht?
- Gibt es einen Sinn in dem allen?

Mit diesen Herausforderungen setzt sich der Vortrag auseinander und versucht einige hilfreiche Antworten aus einer Perspektive außerhalb dieser Welt zu geben …

Andreas Fett

Ja, Vater

176 Seiten,
Hardcover

ISBN 978-3-89397-692-8

Dezember 2004. Nach turbulenten Monaten freuen wir uns als Familie auf ein paar ruhige Weihnachtstage. Doch in der Nacht bricht unerwartetes Unglück über uns herein. Für meine Frau beginnt ein Kampf auf Leben und Tod, der uns zehn Wochen in Atem halten wird.

In dieser schweren Zeit, mitten in Schmerzen, Zweifel und Not, wird unser Glaube geläutert und erprobt. Wir finden zwar nicht die Antworten auf jedes »Warum«, aber wir erleben den Gott, der mitten im Leid bei uns ist.

Vielleicht kann dieses Buch den Hinweis liefern, dass wir keinem »blinden Schicksal«, sondern einem »sehenden Vater« ausgeliefert sind.

Ein sehr persönlicher Einblick in eine herausfordernde Zeit.

Ronald Dunn

Immer nur auf und ab

128 Seiten,
Paperback

ISBN 978-3-86699-242-9

Die meisten von uns wissen genau, wie ein siegreiches Christenleben aussieht und dass ein Leben ständiger Niederlagen nicht das ist, was Gott für uns will. Aber irgendwie scheint es bei uns nicht zu klappen.

»Das muss nicht so bleiben!«, sagt Ronald Dunn. Er möchte uns mitnehmen auf eine Reise durch das Buch Josua – Gottes großen Anschauungs-Unterricht zum Thema »Der Christ als Sieger«.

Erwin W. Lutzer

Das widerspenstige Ich

192 Seiten,
Paperback

ISBN
978-3-86699-229-0

Jeder kennt den frustrierenden Kreislauf: Wir entscheiden uns, schlechte Angewohnheiten ein für alle Mal zu überwinden, und sind sogar für eine Zeit erfolgreich. Doch dann kommt der Rückfall – und der Kreislauf beginnt von vorn. Schließlich fühlen wir uns so enttäuscht und kraftlos, dass wir aufgeben …

Dr. Erwin W. Lutzer glaubt, dass es möglich ist, diesen suchtähnlichen Kreislauf sündigen Verhaltens zu durchbrechen.

Ein Buch, das motiviert, Gottes Gnade Raum zu geben, damit die Persönlichkeit von Grund auf zu seiner Ehre verändert wird.